中学校社会サポートBOOKS

単元を貫く「発問」でつくる 中学校社会科 新授業&評価プラン

内藤 圭太 著

明治図書

　社会科に限らず，授業において発問を考えることは最も大切であり，困難な作業です。引き出すものは同じだったとしても，発問一つで生徒が生き生きと活動し，生涯にわたって印象付くような授業になることもあります。だからこそ，発問は授業の命とも言えます。

　「発問」には明確な定義はありません。生徒が知っているかどうかを聞くためのものから，「なぜ？」と問い，探究を導くものまで１時間の授業の中にも様々な発問があります。

　筆者が初めて授業した当時は，１時間の授業を貫く発問，単元を貫く「発問」という言葉は，教員養成課程等で聞くことはありましたが，学校現場ではまだ一般的なものではありませんでした。筆者自身は，初任者のころから単元を貫く「発問」を意識して授業をつくり，生徒にも「単元の課題」という言葉で示してはいましたが，学習指導案に明記したことはありませんでした。2014年に，単元を貫く「発問」をテーマに１冊の書籍を出版したいというお話をいただき，それまで自分が考えてきた授業理論を整理し，実践事例を含めた『単元を貫く「発問」でつくる中学校社会科授業モデル30』を2015年９月に刊行することができました。

　それから時が過ぎ，『学習指導要領（平成29年告示）（以下，新学習指導要領）』が改訂されました。そして，「単元を貫く問い」という文言で，『「指導と評価の一体化」のための学習評価に関する参考資料（以下，参考資料)』にも明記されるようになりました。前著『15のストラテジーでうまくいく！　中学校社会科　学習課題のデザイン』は，新学習指導要領告示の直前の2017年２月に刊行し，改訂に向けた議論を受けて，理論と実践例を示したものでした。出版の直後，公立中学校から埼玉大学教育学部附属中学校に異動となりました。そして，新学習指導要領の具現化という研究方針のもと，全面実施に向け，日常の授業，研究協議会等の公開授業，国立教育政策研究所指定校事業等を通して，３学年，三分野すべての単元の先行的授業実践を，着任からの４年間をかけて積み上げることができました。

　新学習指導要領が求めていることを踏まえた授業づくりは，１時間の授業を貫く発問，複数時間の小単元を貫く発問，20時間ほどの中項目全体を貫く発問，評価計画など，少なくとも１～２か月先を見通した準備が必要だと考えます。本書の出版のお話をいただいた際，多忙な学校現場において，夜遅くまで残業して教材研究に取り組む時代を終わりにし，誰もが勤務時間内に授業づくりができる，働き方改革につながる著作にしたいと考えました。

　そこで，本書を執筆するに当たって特に意識したことは，次の３点です。
① 　中学校社会科三分野の３年間の指導計画，社会に開かれた教育課程，カリキュラム・マネジメント等を含む教育課程編成に役立つものとすること。
② 　「指導と評価の一体化」のための計画例を示し，生徒に観点別学習状況の評価を行い，生徒の学習改善や教師の授業改善につながるものとすること。
③ 　新学習指導要領の主旨に基づく実践事例集とし，教育実習生や初任者から教員経験年数の長い方々にとっても明日使える授業のアイデアを提供するものとすること。

本書の意義は，新学習指導要領において，中学校３年間で350単位時間実施される社会科三分野のすべての授業について，筆者自らの実践に基づき，単元を貫く「発問」を示し，さらに毎時間の主発問と学習活動，各単元のまとめ，評価方法の事例を示したことにあります。また，ワークシートや学習活動の工夫などの授業の手法についても触れていますが，発問による授業構成に重点を置き，生徒の実態に合わせて先生方に工夫していただけるようにしました。

　新学習指導要領，参考資料においては，具体的な学習活動や単元のまとめの例はすべてが示されているわけではないため，本書に事例を示すことにためらいもありました。しかし，ともに学んできた生徒たちの顔を思い浮かべると，自分の授業実践記録を公開することが，彼らへの恩返しになるのではないか，と思うようになりました。そして，新学習指導要領の全面実施に合わせて出版することで，今後の社会科教育の発展につなげたいと考えるようになりました。確かに，本書で示した事例は，新学習指導要領が求める資質・能力を確実に身に付けた状態とは言えない部分もあるかもしれません。しかし，多くの先生方に読んでいただくことによって，たとえ批判の対象となったとしても，その結果として，よりよい授業づくりにお役立ていただけたなら，本書の意義は十分に果たせたと考えます。

　さて，2020年は，新型コロナウイルス感染拡大というこれまでに経験したことがない事態への対応が迫られました。筆者自身は，担任として３年間持ち上がった生徒の卒業間近での突然の休校要請でしたが，辛うじて卒業式だけは行うことができました。新年度になっても続く休校でしたが，新しい生活様式のもと，授業の在り方も変わりました。本書においては，コロナ禍で実施してきた，安全を考えた対話学習，ICTの活用，オンライン授業についても触れています。感染症への対応は，これまで人類が何度も直面してきたことかもしれませんが，未知の感染症は，私たちの人間関係を大きく変えてしまうほどの影響力があることを初めて実感しました。その影響は社会構造，国際社会にも変化をもたらし，その深刻さが現在も進みつつあるところに日々恐ろしさを感じています。このような社会情勢においても，教員が社会科授業づくりを持続可能に行い，生徒たちがこの危機を乗り越えるために，学び続けることにつながる一冊となることを心から願っております。

　本書は，筆者の日々の教育活動をご支援，ご指導くださった勤務校，埼玉大学の先生方，文部科学省，国立教育政策研究所の皆様，埼玉県，さいたま市教育委員会の皆様をはじめ，多くの方々のおかげで誕生することができました。そして，日々の授業に真剣に取り組んでくれた勤務校の生徒たち，理解を示してくださった保護者の皆様に感謝を申し上げます。

　最後になりますが，コロナ禍でも毎日の生活を懸命に支えてくれている妻と２人の娘たち，本書を企画・校正してくださった明治図書出版の赤木恭平さんに，厚く御礼申し上げます。

2021年３月

内藤　圭太

Contents

第1章

単元を貫く「発問」でつくる
新しい授業づくり

　本書では，新学習指導要領，参考資料に示された中学校社会科における「内容のまとまりごとの評価規準」という文言を受け，原則としてA(1)などの「内容のまとまり（以下，中項目）」を「単元」，そして，中項目に続き，新学習指導要領上のア(ア)などに対応した複数時間のまとまりである小単元を「次」，毎時間の授業を「時」と表記することとします。

　そして，中項目全体を貫く問いを，『単元を貫く「発問」』（生徒には，「単元を貫く学習問題」と提示）と表記します。発問と同様の意味として，「学習問題」「学習課題」「問い」など様々な表記がありますが，本書では，「次」を貫くものは中心発問（生徒には，「小単元の課題」と提示），「時」を貫くものは主発問（生徒には，「本時の課題」と提示）と表記します。

　新学習指導要領，参考資料において，中項目は，長いものではおよそ20時間程度を要することが想定されていますが，それだけの授業時数を貫く発問をどのように設定したらよいかについて考えたいと思います。大前提として，新学習指導要領においては「見方・考え方」を働かせたことによって資質・能力を育成する，ことが求められていることから，発問の一つひとつが「見方・考え方」が働くものであるかを吟味することが最も大切になります。次に示すのは，筆者が考える単元を貫く「発問」の要件です。過去の著作にも示してきましたが，新学習指導要領に基づく資質・能力の育成の主旨に合わせて再構成することにしました。

---

　①　1単元を通して課題解決をすることができるものであること。

　②　学問的な学びにつながり（科学的な社会認識形成），主権者育成（市民的資質の育成）に寄与するものである「本質的な問い」であること。

　③　生徒が課題を把握しやすく，単元全体の学習に見通しをもたせ，課題を主体的に追究したいと思わせることができるものであること。

　④　各次を貫く中心発問（小単元の課題）あるいは，毎時間の授業の主発問（本時の課題）を導くものであること。

　⑤　単元を振り返る際に，まとめや評価を行うことができるものであること。

---

①　1単元を通した課題追究・解決

　新学習指導要領上のA(1)などの中項目全体で追究したり，解決したりする課題を指しています。以前，筆者はなるべく具体的な事象に対する発問にした方が生徒の学習意欲が継続しやすい，という主張をしましたが，新学習指導要領の主旨を踏まえ，様々な事象を結び付け，包括することができることや，抽象度の高い発問の方が，生徒の主体的な学習を継続しやすい，という考えに改めることにしました。

②　本質的な問い

　学習が教室の中だけで終わるのではなく，生涯にわたって考えていけるような発問となっていることが大切です。そして，社会科の目標である主権者育成に結び付くことが何よりも重要

です。こうした発問は，「本質的な問い」と呼ばれるものでもあります。従来の単元を貫く課題は，学習指導要領上のア(ア)などに対応する複数の「次」に対するものであったと思いますが，本書では，学習全体を包括するものを『単元を貫く「発問」』としています。

③ 単元全体の学習に見通しをもたせる

単元の導入時に発問に基づいて探究することにより，最終的にどういう姿になるのかという見通しをもたせることが大切です。そして，「課題を解決するために，これまでの学習で何が役立つか，どのように追究をすると解決できるか」という活動を通して，生徒に見通しをもたせる際に，主体的に取り組めるような発問になっていることが大切です。

④ 各「次」，毎時間の授業の発問を導く「問いの構造」

「問いの構造」に基づく，単元を貫く「発問」づくりについての考え方を示します。単元を貫く「発問」を解決するための補助発問として，「次」を貫く中心発問を設定します。そして，毎時間の授業でも，その授業を貫く主発問を設定します。さらに毎時間の授業にも補助発問となる学習活動を設定します。調べる，話し合う，発表する，などが考えられます。

単元を貫く「発問」が，「次」の中心発問を導き，さらに毎時間の主発問を導く構造にすることは，生徒の側から見れば毎時間の授業の課題解決を行えば，各「次」の課題解決につながり，やがては単元の学習問題が解決できる，という見通しがもてることになります。つまり，学習の必然性，必要性が感じられるものになります。そのため，発問，中心発問，主発問，学習活動が「入れ子構造」の関係になることが重要です。実際の授業づくりは後に詳しく述べますが，毎時間の授業のまとめを積み上げた結果として，「次」の中心発問の解になるように問いの構成を考えることが大切です。

生徒に，本時のまとめでは，各「次」の課題との関わり，各「次」のまとめでは，単元を貫く学習問題との関わりを確認させることが必要です。しかしながら，生徒によっては，「今日の授業内容が，小単元や単元を貫く学習問題とどのように関係するかわからなかった」という状態になることもあるかもしれません。このようなときこそ，後で述べる学習改善につなげる評価が有効に機能する場面となります。

⑤ 単元の振り返り

単元まとめの段階では，毎時間，各「次」を通した単元の学習を終えて，単元を貫く学習問題について考えます。学習問題の解，最初の認識との変化，わかったこと，考えたこと，次の学習につながること，よりよい社会の実現のために役立つ内容などを書かせたり，発表させたりします。このように，単元を貫く学習問題を単元末に改めて考えることで，毎時間の授業で学んできたことを改めて振り返ることができます。

ここまで，述べてきた授業づくり，単元構造，評価の位置付けを次ページに図示します。

| 単元の導入（1時間） | 単元を貫く「発問」（単元を貫く学習問題）の提示 |

・学習の動機付け，方向付け，見通し，現在の生徒の認識の記録。【態】

単元を貫く発問（単元を貫く学習問題）

| 1次の導入 | 1次を貫く中心発問（小単元の課題）の提示 |

1次の課題解決までの見通し，現在の生徒の認識の記録【態】

1次（小単元）を貫く中心発問（小単元の課題）

| 1時 |

・導入（課題把握）

主発問（本時の課題）「なぜ？」「どのように？」など

本時の課題解決までの見通し【態】
・展開（課題追究）
⇒ 補助発問（課題追究）①　作業・資料の読み取り【知・技】
⇒ 補助発問（課題追究）②　考察，構想，話合いなど【思・判・表】
・まとめ（課題解決）

主発問（本時の課題）「なぜ？」「どのように？」など

本時の課題の解【知・技】【思・判・表】
次の学習への見通しなど【態】

| 2時〜○時 |

主発問（本時の課題）「なぜ？」「どのように？」など

（以下同様）

| 1次のまとめ | 1次を貫く中心発問（小単元の学習問題）の振り返り |

1次（小単元）を貫く中心発問（小単元の課題）

小単元1の結論【知・技】【思・判・表】
次の学習への見通しなど【態】

| 2次，3次 |
　　⋮　　（以下同様）

| 単元のまとめ（1時間） | 単元を貫く「発問」（単元を貫く学習問題）の振り返り |

単元を貫く発問（単元を貫く学習問題）

・単元を貫く「発問」の解，学習後の認識の記録。【知・技】【思・判・表】
・本単元の学びを次の単元，よりよい社会の実現を視野にどのように活用するか。【態】

　単元を貫く「発問」の５つの要件を踏まえながら，実際に授業と評価計画をつくる方法について考えたいと思います。こちらも，過去の著作にも示してきましたが，新学習指導要領，参考資料の学習評価の進め方の主旨に合わせ，再構成することにしました。

---

① 　単元の目標を作成する―生徒に身に付けさせたい資質・能力を明確化する―

② 　単元の評価規準を作成する―生徒が単元の学習を終えて資質・能力が身に付いた状態とは，どのような状態なのかを明確にする―

③ 　「指導と評価の計画」を作成する―どのような評価資料を基に，評価をするかを考える―

④ 　授業を行う―③に沿って観点別学習状況の評価を行い，生徒の学習改善や教師の指導改善につなげる―

⑤ 　観点ごとに総括する―評価資料やそれに基づく評価結果などから，総括的評価（観点ごとの評定に用いる評価）（A，B，C）を行う―

---

①・②は表裏一体の関係

　単元の目標と単元の評価規準は，表裏一体の関係であることが必要です。後で述べますが，このことが「指導と評価の一体化」のために重要となります。ここでは，新学習指導要領の解説や，参考資料の評価規準を参照し，生徒の実態や学習状況を踏まえて作成します。

③　指導と評価の計画

　①・②の状態にするためには，授業時数がどれくらい必要になるのか，どのような発問によってその状態にするのか，などの指導計画と並行しながら，生徒が資質・能力が身に付いているかを見取るためには，いつ，どのような学習活動を行うか，などの指導と評価計画を考えることになります。また，評価資料として，どのような方法（ノート，ワークシート，成果物等）を用いて見取れば「おおむね満足できる」状況（B）と判断できるかを考えます。次から，指導計画と評価計画に分けて述べたいと思います。

（1）　指導計画

　まずは中項目の目標と評価規準から考えます。これは，いわゆる「逆向きの授業設計」と呼ばれる方法です。そして，「次」，毎時間の授業までの構成を考える，という順序です。この指導計画がある程度できてから，毎時間の授業づくりの詳細に入ります。本時の目標となる主発問に対し，どのような思考過程を経て，解に辿り着くのかを考えなければなりません。「次」の授業においては，毎時間の授業が積み上がってどのようなまとめになるかを考えることが求められます。筆者は，年間に何名もの教育実習生を担当する立場ですが，原則は「次」の指導と評価計画を考えてもらうようにしています。例えば４次からなる中項目全体の計画を示した上で，実習生には，２次を担当してもらう，という指導です。そのような指導をするようにしてから，実習生もそれまでに比べ遅くまで教材研究をするということはなくなり，毎時間の授

業の細部を確認することが指導の中心になったように思います。単元を貫く「発問」は，各「次」の発問がある程度考えられたところで，後付けで結び付け，包括するように設定することが現実的であると思っています。

　発問を考える際に大切なのは，「見方・考え方」が働くもの，つまり資質・能力の育成につながるものであるかどうかを吟味することです。発問によって行う学習活動が「見方・考え方」が働いている状態であると教師も生徒も言える状態であることが望ましいと考えます。「主体的・対話的で深い学び」の実現，と言われると毎時間机を向かい合わせる場面をつくらなければならない，思考ツールを用いた活動をしなければいけないと考えてしまう，という声も聞きますが，対話学習は予想以上に時間がかかるので，計画的に入れなければならないでしょう。１時間の授業中，生徒が前を向いているだけであっても，教師の問いに対する対話，資料との対話なども対話に含みますので，授業の手法は各教師が計画的に取り入れればよいのです。大切なことは，「見方・考え方」を働かせる学習活動そのものに意味があるのではなく，その結果として資質・能力を身に付けさせることにあります。

　(2)　評価計画

　評価計画では，指導計画にしたがい，どの場面で評価をするのかを示します。現実的に，毎時間ノートやワークシートを提出させ，それをチェックし，次の授業までに返却し，努力を要する状況（Ｃ）の生徒への手立てを示すことは，多忙を極める学校現場においては難しい状況があると思います。また，生徒の負担も相当なものになるでしょう。教員の働き方改革と言われる中，各「次」のまとめの段階で，ノートやワークシートを提出させ，そこで学習改善につなげる評価をするのが現実的ではないかと考えます。

④　授業を行う

　③で作成した指導と評価計画にしたがい，授業実践を行います。授業実践においては，発問に対する生徒の反応，取組の様子を記録することが重要です。指導案の通りに授業が流れたとしても，生徒自身は教師の想定通りの探究過程になっているとは限りません。特に，各次のまとめと単元を貫く学習問題との関わりが意識できなかった，という生徒に対する手立てが重要です。このようなときこそ授業を振り返り，生徒の学習改善や教師の指導改善につなげるために，次の単元における発問や，単元の構成を再検討することが必要です。

⑤　観点ごとに総括する

　授業を終えたら，観点別学習状況を評価します。詳細は後述しますが，教師が生徒の「Ａ・Ｂ・Ｃ」を決める，という発想から脱却することが求められます。新学習指導要領の考え方に沿うならば，Ｃの生徒はＢになるような手立て，Ｂの生徒はどうしたらよりよくなるか，を導くことが求められます。「学年内評価分布表」などの提出を求められると，「５」を付けた人数が多すぎるとよくないのではないか，などの会話が教師の間で交わされることがありますが，指導の成果である評価の人数や割合にこだわることはないと言えるでしょう。

単元を貫く「発問」に基づく授業づくりと評価計画

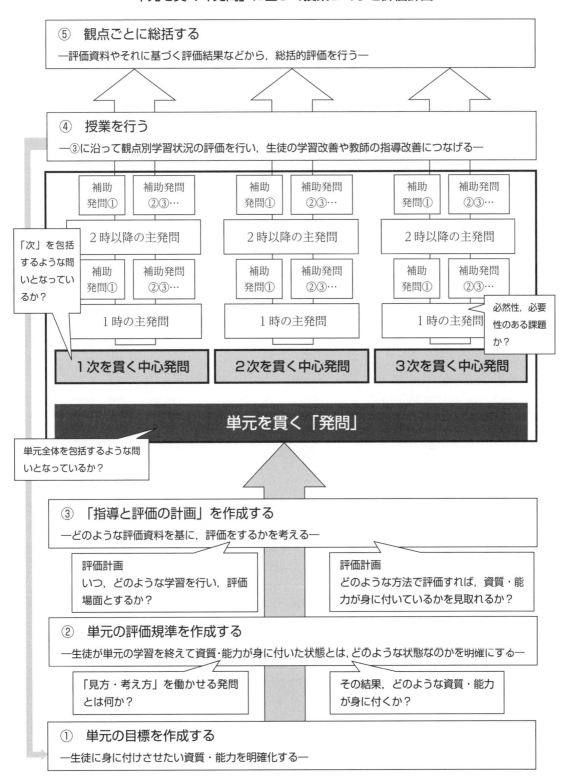

　新学習指導要領，参考資料を踏まえて年間指導計画の授業時数案を示したものが次の表です。知識及び技能に関する指導事項に基づいて中項目と「次」を構成しています。第1・2学年においては，地理的分野，歴史的分野の学習を切り替える時期の見通しが重要となります。

地理的分野（115時間）

学年	内容のまとまり（中項目）		時間数		
1	A　世界と日本の地域構成				55
	（1）地域構成			16	
	①世界の地域構成		8		
	②日本の地域構成		8		
	B　世界の様々な地域				
	（1）世界各地の人々の生活と環境		8		
	（2）世界の諸地域			39	
	①アジア		7		
	②ヨーロッパ		6		
	③アフリカ		5		
	④北アメリカ		5		
	⑤南アメリカ		4		
	⑥オセアニア		4		
2	C　日本の様々な地域				60
	（1）地域調査の手法		6	20	
	（2）日本の地域的特色と地域区分		14		
	（3）日本の諸地域			32	
	地域区分		1		
	①九州地方（自然環境を中核とした考察の仕方）		4		
	②北海道地方（自然環境を中核とした考察の仕方）		4		
	③中国・四国地方（産業を中核とした考察の仕方）		4		
	④近畿地方（その他の事象を中核とした考察の仕方）		4		
	⑤中部地方（人口や都市・村落を中核とした考察の仕方）		5		
	⑥東北地方（交通や通信を中核とした考察の仕方）		4		
	⑦関東地方（その他の事象を中核とした考察の仕方）		6		
	（4）地域の在り方		8	8	

歴史的分野（135時間）

学年	内容のまとまり（中項目）	時間数		
1	A　歴史との対話			
	（1）私たちと歴史	4	9	
	（2）身近な地域の歴史	5		
	B　近世までの日本とアジア			
	（1）古代までの日本			
	㋐世界の古代文明や宗教のおこり	7	19	
	㋑日本列島における国家形成	3		
	㋒律令国家の形成	5		
	㋓古代の文化と東アジアとの関わり	4		
	（2）中世の日本			50
	㋐武家政治の成立とユーラシアの交流	6	14	
	㋑武家政治の展開と東アジアの動き	4		
	㋒民衆の成長と新たな文化の形成	4		
	（3）近世の日本		8	
	㋐世界の動きと統一事業	8		
2	㋑江戸幕府の成立と対外関係	6	19	
	㋒産業の発達と町人文化	4		
	㋓幕府の政治の展開	9		
	C　近現代の日本と世界			
	（1）近代の日本と世界			45
	㋐欧米における近代社会の成立とアジア諸国の動き	7	26	
	㋑明治維新と近代国家の形成	7		
	㋒議会政治の始まりと国際社会との関わり	8		
	㋓近代産業の発展と近代文化の形成	4		
3	㋔第一次世界大戦前後の国際情勢と大衆の出現	13	26	
	㋕第二次世界大戦と人類への惨禍	13		
	（2）現代の日本と世界			40
	㋐日本の民主化と冷戦下の国際社会	5	14	
	㋑日本の経済の発展とグローバル化する世界	3		
	現代の日本と世界の諸課題	6		

※　下線部は，新学習指導要領C(2)イ(ウ)に「考察，構想し，表現する」学習が示されていることを受けて，参考資料に基づいて小単元として設定したものです。

公民的分野（100時間）

学年	内容のまとまり（中項目）	時間数		
3	A　私たちと現代社会 　(1) 私たちが生きる現代社会と文化の特色 　(2) 現代社会を捉える枠組み	8 8	16	100
	C　私たちと政治 　(1) 人間の尊重と日本国憲法の基本的原則 　(2) 民主政治と政治参加	14 20	34	
	B　私たちと経済 　(1) 市場の働きと経済 　(2) 国民の生活と政府の役割	20 10	30	
	D　私たちと国際社会の諸課題 　(1) 世界平和と人類の福祉の増大 　(2) よりよい社会を目指して	12 8	20	

※　複数教科書の掲載順にしたがい，上記の順に指導計画を作成しました。

　第2章の実践は，上記の表に基づいて時数を配当しています。各学校の状況によっては，十分な時間を確保できないこともありますので，実態に応じて各単元の時間数の増減をしていただきたいと思います。例えば，定期テストなどの評価場面を授業時数に含めて年間指導計画を作成する場合もあると思います。第2章では一つの学習課題で2時間をかける計画を示しているところもありますが，そういった授業を1時間に圧縮することも考えられます。反対にもっと時間をかけるべき内容については，時数を増やすなどの工夫を行っていただければと思います。

　また，第2章で提示した実践事例は，各単元において，単元の導入とまとめでそれぞれ1時間をかける計画を示しています。上記の表においては，紙幅の関係上，各単元の最初の「次」に単元の導入の1時間，最後の「次」に単元のまとめの1時間を含めています。

　多くの学校では，1か月に一度，職員会議などで翌月以降の時間割や授業時数等を確認する場面があると思います。確認が済んだら，週案等を作成し，どの単元に何時間かけることができるのか，評価場面をいつにするのが適切なのか，見通しをもつことが大切です。初任者の先生は，いつまでにどこまでの内容が終わっていればよいのかわからない，という状況にあると思います。その中で，毎時間の授業，「次」のまとまり，さらには中項目としてのまとまりまで意識して計画するだけでも数時間を要することになります。そのため，本書をはじめ，ある程度まとまった年間指導計画を手に取り，学校や自身の状況に応じた計画を短時間で作成し，むしろ毎時間の授業を充実したものとすることに時間をかけていくことが大切だと思います。

　新学習指導要領における指導計画作成においては，学習時間を確保し，生徒に資質・能力を身に付けさせる指導計画にとどまらず，次の項目で示すように，評価する場面をどこで確保し，資質・能力が身に付いているかを見取れるかを考えることも同様に大切であると考えます。

①　指導と評価の一体化

　先述したように評価を行う際の「評価規準」は，生徒に示す「単元の目標」と表裏一体になっている必要があります。授業で行ったことが評価されるということです。毎回の授業，各「次」のまとめや定期テストを評価場面とする場合も同様です。

　【知識・技能】を定期テストで評価する場合，授業とは違った視点から知識や概念を問うことはあっても，授業で扱っていない内容や資料を活用させて評価することは望ましくありません。【思考・判断・表現】については，授業が主体的・対話的で深い学びになっていることが前提ですが，単元を貫く「発問」の結論をノートやワークシートに書かせることで評価することが考えられます。定期テストにおいては，授業場面の再現をしたり，初見の資料を提示したりして思考力を問うことが考えられます。

②　主体的に学習に取り組む態度の評価

　今回の改訂で4観点から3観点に変わり，最も評価しづらいと考えられているのが主体的に学習に取り組む態度と言えるでしょう。資質・能力としては，学びに向かう力，人間性と呼ばれるものですが，その中に「主体的に学習に取り組む態度」と「感性，思いやりなど」があります。前者は観点別評価学習状況の評価を通じて見取ることができるとされており，後者は観点別学習状況の評価や評定にはなじまず，個人内評価を通じて見取る，つまり評価・評定の対象外とするとされていることに留意する必要があります。本書の評価はすべて前者が対象です。

　社会科においては，単元のまとめにおいて，単元の学習が，次の単元でどのように生かされるか，実際の社会でどのように役立つかなどをノートやワークシートに書かせることが考えられます。それを生徒に問い，どのような力を見取ろうとしているのかを教師と生徒の間で共有した上でまとめの学習活動を行い，評価することで指導と評価の一体化となります。

③　総括的評価の前に必ず形成的評価を行う

　学習評価は，A・B・Cの評価や5段階の評定を付けることにあると思いがちですが，これは総括的評価（以下，評定に用いる評価）であり，新学習指導要領において重要視されているのは，形成的評価（以下，学習改善につなげる評価）です。学習改善につなげる評価の機能として，「生徒自身に学習改善を促すこと」と「教師が指導の改善につなげること」があります。

　先述したように，評定に用いる評価を行う前に，必ず学習改善につなげる評価を行い，しかもそのことを生徒に伝えることが大切です。生徒の立場からすれば，いきなり評定を出されたら，教師が評定の根拠を示したとしても，「あの場面で評価をされていたとは知らなかった」「あの学習がこういうことを求めていたとはわからなかった」「あの段階で改善点があったのなら教えてほしかった」ということになってしまうからです。そのため，単元の中で学習改善につなげる評価を行う場面では，どのようにしたらよりよい評価になるかを示すことが大切です。評価場面や評価規準をオープンにすることは，家庭に対する説明責任であると同時に，将来社

会を担う生徒たちの育成に必要な規準を広く社会全体に示すことでもあります。この意味で評価規準を示すことは「社会に開かれた教育課程の実現」のための取組とも言えるでしょう。

④ 評定に用いる評価に学習改善につなげる評価を混ぜてはならない

単元の学習を終えて，中項目の評価結果が，表1のようになったとします。ここでは，学習改善につなげる評価の指導上の位置付けを●，記録として残すものをa・b・c，評定に用いる評価の指導上の位置付けを○，記録として残すものをA・B・Cと表記しています。

【知識・技能】については，1次の4時のまとめが「B」，2次の4時のまとめが「A」となっているため，本単元では，AまたはBが評定に用いる評価となると考えられます。

表1　学習改善につなげる評価と評定に用いる評価（案）

次	時	知・技		思・判・表		態	
導入		―	―	―	―	●	c
1次	1	●	c	―	―	―	―
	2	●	b	●	c	―	―
	3	●	b	―	―	―	―
	4	○	B	●	a	●	b
2次	1	●	b	―	―	―	―
	2	●	a	―	―	●	a
	3	●	b	●	b	―	―
	4	○	A	―	―	―	―
まとめ		―	―	○	A	○	A

【思考・判断・表現】については，単元途中に行った学習改善につなげる評価にcとaがありますが，生徒が自ら学習改善や自己調整をするなどして単元のまとめでは「A」となったことになります。これを評定に用いる評価とします。従来は，1次のc一つ，a一つ，2次のb一つを平均化して「B」とするなどの評価もあったかもしれませんが，これは学習改善につなげる評価と評定に用いる評価を混ぜていることになります。新学習指導要領の主旨を踏まえると，まとめ段階の「A」を評定に用いる評価とすることが適切と言えます。つまり，生徒をよりよい評価に導くように指導していくことが大切なのです。これは，【主体的に学習に取り組む態度】の場合も同様です。

学期末は，複数の単元において記録してきた評定に用いる評価を総括して，その学期の各観点の評価を決定します。評価結果の組合せによって表2のように，評定を出します。これは，今後各学校によって決定していくものとなります。

表2　観点別学習状況の評定への総括（案）

評価結果の組合せ	評定
ＡＡＡ	5または4
ＡＡＢ	5または4
ＡＢＢ	4または3
ＢＢＢ	3
ＢＢＣ	3または2
ＢＣＣ	3または2
ＣＣＣ	2または1

⑤ 学習評価を行うワークシート

ここまで述べてきた評価を行うために取り組んできたワークシート例が，次の表3です。

埼玉大学教育学部附属中学校では，「社会科学びの地図」と呼び，全校で取り組んできました。これは，単元のワークシートで，評定に用いる評価を行うためのものですが，各「次」，と毎時間のワークシートも同様に作成し，学習改善につなげる評価をすることも可能です。

表3　単元の学習を評価するためのワークシート

単元を貫く学習問題

単元を貫く学習問題の初めの考え

単元を貫く学習問題から疑問に思ったこと

単元を貫く学習問題の解決に役立ちそうな既習事項

1次の課題	学習を振り返って気付いたこと
まとめ 知　A・B・C	

2次の課題	学習を振り返って気付いたこと
まとめ 知　A・B・C	

3次の課題	学習を振り返って気付いたこと
まとめ 知　A・B・C	

① 「単元を貫く学習問題」の解を論述しよう。その際，「対立と合意」，「効率と公正」（単元で働かせた「見方・考え方」を明記）などに着目しよう。

知　思　A・B・C

② 単元の学習を振り返り，これからも問い続けて（考え続けて）いきたいことと，問い続けたい理由（解決によって社会をどのようにしていきたいのか）を書こう。

態　A・B・C

5 単元を貫く「発問」に基づいた今後の取組

① 安全を考えた対話学習

　新型コロナウイルスとの共存は，もはや避けられない事態となっています。そのような中，「対話的な学び」を行うことは不可能なのではないか，という話も聞きます。各学校の実態にもよりますが，マスク着用の状態で，生徒の机と机をある程度の距離をとることで，話合い活動を行うことが可能と思います。第2章では対話の場面の写真を示していますが，2020年度に実践したものは，机の並べ方を工夫し，感染防止に努めた対話学習を実践しています。

② ICTの活用・オンライン授業

　コロナ禍においては，ICTの活用が必須になります。すでにZoomやMicrosoft Teamsを活用したオンライン授業が紹介されています。単元を貫く「発問」とそれに基づく授業計画を事前に生徒に示すことで，休校になったとしても，生徒は自習で単元の追究を行うことができるでしょう。オンライン授業においては，考える場面を中心とした学習活動を行うことができます。さらに，GIGAスクール構想が進められている学校では，ワークシート等の提出物もオンライン提出にするなど，単元を貫く「発問」に基づく，新たな授業の取組が考えられます。

6 本書の読み方

　第2章から，具体的な単元の展開を示していきます。単元の導入，各「次」の学習，毎時間の授業，単元のまとめ，という構成になっています。毎時間の授業における①，②などは，学習活動を示していますが，生徒に対しては，「課題追究」として示しているものです。紙幅の許す限り，すべての発問，学習活動等を掲載しました。発問によっては，単元を貫いていないのではないか，毎時間の課題追究を通して問うていることこそ，授業を貫く主発問になるのではないか，この発問の方が生徒が活動しやすいのではないか，などのご意見をおもちになることでしょう。そのようなことも含めて先生方のお考えで改善していただきたいと考えています。

　評価については，先述したように参考資料にしたがい，学習改善につなげる評価を●，評定に用いる評価を〇と表記しています。すべての学習活動に対して，評価の観点を示していますが，現実に授業を行う際，すべての場面で評価をする必要はありません。主体的に学習に取り組む態度は，短い時間では見取ることが難しいため，学習改善につなげる評価にとどめた単元もあります。単元のまとめは，ワークシートの記述でおおむね満足できる状況（B）を例示しています。3行ほどで示せるようにしましたが，生徒の実態に応じて評価規準を設定して構いません。以前も示しましたが，筆者は，授業を行ってきた生徒たちの反応や，到達度を見ることにより，研究理論と実践をつなぐということを，授業を行う上で大切にしてきました。本書に示されている実践も，そのような意図があることを改めてお伝えしたいと思います。

　本書においても単元を貫く「発問」の実践によって，教師も生徒も，「社会科授業が楽しかった」と言えるような授業づくりにつながることを心から期待しています。

第2章

単元を貫く「発問」でつくる

新授業＆評価プラン

世界や日本はどのように構成されている？

単元計画のポイント

　本単元は，世界の地域構成，日本の地域構成を扱い，それぞれを大観することがねらいです。新学習指導要領では考察において，それぞれ「大陸と海洋の分布や主な国の位置，緯度や経度など」「周辺の海洋の広がりや国土を構成する島々の位置など」に着目することが示されています。また，これまでの学習指導要領では，世界の地域構成は世界の諸地域の学習（主に第1学年）の前，日本の地域構成は日本の諸地域の学習（主に第2学年）に位置付けられていましたが，新学習指導要領では中学校での学習の導入として世界と日本の地域構成が位置付けられるようになりました。本書では，1次に世界の地域構成，2次に日本の地域構成を設定しましたが，それぞれの単元の最後に大まかな世界地図，日本地図を描けるようにする学習を入れました。1次と2次で学習内容は独立した形となっていますが，先生方の工夫で2つの単元をつなぐ発問によって授業を展開することも可能です。

単元の構成　○…「評定に用いる評価」，●…「学習改善につなげる評価」

時	主な発問	評価の観点		
		知	思	態
単元の導入　1時間	①　外国に旅行した際に，その国の人から，「あなたが住んでいる日本は，どこにある国ですか？」と聞かれたら，どのような方法，道具等で説明するだろうか？ ②　六大陸と三大洋の位置と名称を調べよう。 ③　六つの州の位置と名称を調べよう。 ④　六大陸・三大洋，六つの州と方位を用いて日本の位置を説明しよう。	 ● ● ●		●
	単元を貫く発問 世界や日本はどのように構成されているのだろうか？			

【1次】世界の地域構成（7時間）

1・2	**1次を貫く発問** 世界はどのように構成されているのだろうか？		
	どのように，緯度と経度を用いて位置を表すのだろうか？		
	① 緯度・経度に関する項目を調べよう。	●	
	② 世界地図の本初子午線を青い線でなぞろう。	●	
	③ イギリスのロンドンはどこにあるか，地図にチェックしよう。	●	
	④ 東経180度と，西経180度を，緑の線でなぞろう。	●	
	→同じ線であり，日付変更線と呼ばれている。	技	
	⑤ 日本の東西南北端の緯度と経度を調べよう。	●	
	⑥ 次の都市の緯度・経度を調べよう。	●	
	バグダッド（イラクの首都）	技	
	ブエノスアイレス（アルゼンチンの首都）		
	⑦ 次の緯度・経度で示される場所はどの国にあるだろうか？	●	
	(1) 北緯45度，東経105度　　(2) 北緯15度，西経15度	技	
	(3) 南緯40度，東経170度　　(4) 南緯45度，西経75度		
3・4	地球儀と世界地図の違いは何だろうか？		
	地球儀を使って調べよう（2人または4人弱の学習）。		
	① 日本の対せき点は，どこだろう？	●	
	② 北半球を見たときに見える大陸と見えない大陸はどこだろう？	●	
	③ 南半球を見たときに見える大陸と見えない大陸はどこだろう？	●	
	④ 日本を見たときに見える大陸と見えない大陸はどこだろう？	●	
	⑤ 日本（東京）から見て，イギリス（ロンドン）の方位と，ロンドンから見た日本の方位を調べよう（地球儀の日本の位置に十字に貼ったテープをあて，東西南北へ進むとどこの国に到達するか）。	● 技	
	⑥ 日本からエジプト（カイロ），フィンランド（ヘルシンキ）はどちらが近いだろうか？	●	
	⑦ 地球儀を使って，グリーンランドとオーストラリア大陸はどちらが大きいか調べよう。	● 技	
	⑧ グリーンランドとオーストラリアの面積を，地図帳で調べよう。	●	
	⑨ 南極大陸とオーストラリア大陸はどちらが大きいか調べよう。	●	

⑩　地球儀とひもを使って，東京とロンドンの最短ルートを調べよ
　　う。ルートを，地図に書き入れよう。 ●
技

⑪　世界地図で表されるグリーンランドの面積が，地球儀で見たと
　　きと変わってしまうのはなぜだろうか？ ●

| 5 | 地球儀と世界地図の違いは何だろうか？ |

①　メルカトル図法の世界地図の特徴を調べよう。 ●

②　正距方位図法の世界地図の特徴を調べよう。 ●
　　東京から10,000kmの距離にある都市を3つ調べよう。
　　東京の北，東京の南，東，南西にある都市を調べよう。

③　モルワイデ図法（面積が正しい地図）の世界地図はどのような
　　ときに使われているのだろうか？ ●

| 6 | 世界の各州にはどのような国があるのだろうか？ |

①　面積が大きい国，小さい国を調べよう。 ●

②　人口が多い国，人口密度が高い国，低い国を調べよう。 ●

③　次の国の国旗や国名の由来を調べよう。 ●
　⑴　アイスランド　⑵　イギリス
　⑶　エクアドル　　⑷　コロンビア

④　島国には，どのような国があるか？ ●

⑤　内陸国には，どのような国があるか？ ●

⑥　エジプトなどアフリカ州北部の国々の国境は，どのような特徴
　　があるか？　また，そのような特徴が見られる理由は何か？ ●

| 7 | 世界の略地図をかこう。 |

【条件】⑴　何も見ない　⑵　赤道，本初子午線をかく
　　　　⑶　六大陸，日本をかく

①　班の話合いで，班の代表となる略地図を選ぶときに，どのよう
　　な点を基準にしたか書こう。 ●

②　全体の発表を通して，略地図をつくるときに，どのような点を
　　基準とすればよいか書こう。 ●

③　②を踏まえて，もう一度自分で略地図をかこう。 ●
　　本時の学習を行い，最初にかいた地図と，どのような点が変わ
　　っただろうか？

【1次のまとめ】			
・世界は六大陸・三大洋で構成されている。さらに六つの州に分けられる。 ・緯度と経度により世界の主な国々の所在地を捉えることができる。 ・世界の国々の名称，領土，国境の中には歴史的背景が関係している国もある。	○	○	●

【2次】日本の地域構成（8時間）

1	**2次を貫く発問** 日本はどのように構成されているのだろうか？			
	地球儀や世界地図を用いて日本の位置を説明しよう。			
	①　緯度，経度を用いて日本の位置を説明しよう（東西南北端はどこにあるだろうか）。	●		
	②　日本と同じ緯度，経度の国はどこだろうか？	●		
	③　日本の位置を，周辺の国や地域との位置関係で説明しよう。		●	
	④　他の国（例：オーストラリア）から見たときの，日本との位置関係を説明しよう。		●	
	⑤　【発展学習】富山県を中心とした日本地図を見て，東アジアの国々から見たときに，日本はどのような位置か説明しよう。		●	
2 ・ 3	日本の領域にはどのような特色があるのだろうか？			
	①　日本はどのような島から構成されているのだろうか？	●		
	②　なぜ，日本は国土面積より排他的経済水域の方が広いのだろうか？		●	
	③　排他的経済水域が広い国にはどのような共通した特色があるだろうか？	●		
	④　なぜ，日本の南端の沖ノ鳥島は護岸工事を行ったのだろうか？		●	
	⑤　領土をめぐる問題について調べよう。	●		
4 ・ 5	なぜ，時差が決められているのだろうか？			
	①　時差の求め方を用いて，日本と世界の都市との時差を調べよう。	●		
	②　等時帯や日付変更線から時差の意味を読み取ろう。	●		
	③　時差が決められている理由について話し合おう。	技	●	
	④　【発展学習】日本国内に時差は必要か，不必要か考えよう。		●	

6・7	日本はどのような都道府県に分けられているのだろうか？			
	① 日本の都道府県と県庁所在地を調べよう。	●		
	② 都道府県の名称と県庁所在地の名称の関係，都道府県の範囲に関する歴史的経緯を調べよう。	●		
	③ 日本の東西南北端はどこの都道府県に属しているだろうか（なぜ，天気予報で東京都は東京地方のお天気と言うのだろうか）？	●		
8	日本の略地図をかこう。			
	【条件】 (1) 何も見ない (2) 東経135度をかく (3) 日本を構成する主な島々をかく			
	① 班の話合いで，班の代表となる略地図を選ぶときに，どのような点を基準にしたか書こう。	●		
	② 全体の発表を通して，略地図をつくるときに，どのような点を基準とすればよいか書こう。		●	
	③ ②を踏まえて，もう一度自分で略地図をかこう。 　本時の学習を行い，最初にかいた地図と，どのような点が変わっただろうか？			●
【2次のまとめ】 ・日本の国土は多数の島々からなり，広大な広がりを有する海洋国家である。 ・竹島や北方領土は，日本の固有の領土であり，領有をめぐる問題がある。 ・日本と同じ緯度，経度，日本と時差のない国々があることがわかる。 ・世界と日本の地域構成で学習したことを各州，各地方の学習に役立てたい。		○	○	○

授業展開例（1次／7時）

本時は，単元の学習を生かして大まかに世界地図をかくことがねらいです。

本時の展開は，次の通りです。

・自分のノートに略地図をかいた後に，配付した画用紙に書き写す。

・学習班に地球儀を配付し，地球儀と比べながら，班の代表となる略地図を選定する。その際に何を基準にして，選定したのかを明らかにする（写真1）。

・黒板に各班から出された略地図を貼り，どの班のどのような点がよかったかについて話し合う。また，課題のある班に対して提案する改善点について話し合う。

・学習班で話し合ったことを，全体で共有する（写真2）。

・クラスで話し合って，大まかな世界地図をかく際の重要ポイントを決定する。
・本時の学習を経て，再び自分で略地図をかく。その際に，学習班や全体での学習の成果が生かされ，最初の略地図とどのような点が改善されたかを記入する。

写真1

写真2

本時における生徒の略地図作成の変容の例を下に示します。この生徒は，学習の最初の段階
では，大陸の位置関係は，おおむねかけていたものの，大きさや形などは正確にかくことはで
きていませんでした。その後，まとめの段階で，略地図をかくときに大切なことは何かと問わ
れた際，「赤道と本初子午線の交点が大西洋上にあることが大切だと思います」という発言が
ありました。このことや，授業内での仲間の意見を生かして，改めて作成したのが下の地図で
す。南北アメリカの位置関係などに課題は残されていますが，赤道と本初子午線の交点につい
ては，修正をすることができています。

　このような成果が見られた一方，学級の一部の生徒は，最初の段階で略地図をかくことがで
きませんでした。授業終了時に，全員が略地図をかくことができるようにしたいと考えました。

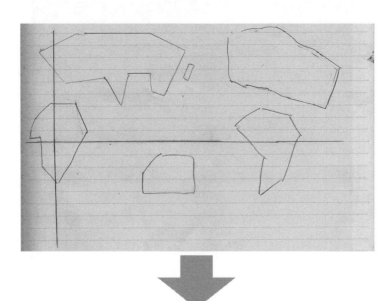

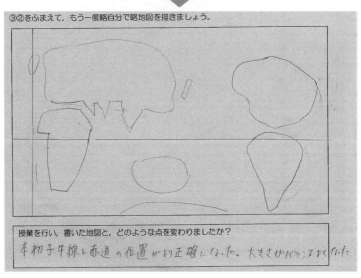

評価の具体例

1次の評価は，生徒の略地図の改善点を基に，以下の観点で行いました。

【思考・判断・表現】

大まかな世界地図をかくことを通して，世界の地域構成の特色を，大陸と海洋の分布や主な国の位置，緯度や経度などに着目して多面的・多角的に考察し，表現する。

（例）本初子午線と赤道の交点は，アフリカのギニア湾にある。

赤道はアフリカ大陸の真ん中よりも南，インド洋，スマトラ島を通り，太平洋上を通り，南アメリカ大陸の北側のアマゾン川の河口付近に引かれている。

本初子午線は，アフリカ大陸の西側を通っている。

発展学習

単元末の時間には，世界地図の略地図をかく際に，ほぼ全員が日本を中心とした地図をかいていたことから，ヨーロッパ州中心の地図，オーストラリアを上側にした地図，海外で販売されている世界地図を用いた発展学習を行い，世界地図の機能について改めて振り返りを行いました。

その上で，「地図製作者の立場から，世界地図は何のためにあるのか説明しよう」というパフォーマンス課題に取り組ませることによって，思考・判断・表現，主体的に学習に取り組む態度の観点から形成的評価をしました。

＿＿＿＿＿＿：思考・判断・表現　　〰〰〰〰〰：主体的に学習に取り組む態度

今まで，世界地図は一度に世界全体を見渡すためにあると思っていました。しかし，目的に合わせた世界地図があり，それぞれに利点や欠点があり，また，国それぞれの考え方によって世界地図が変わるということがわかりました。

普段，私たちが手に取っている世界地図（メルカトル図法）はあくまで自分の国を最優先し，自国の考えが反映されているものであり，これが世界に通用するとは限らないということがわかりました。また，国名，国境，言語等には地形や人物，そして歴史に関わる部分があることも学びました。便利な世界地図，正確な地球儀を組み合わせていろいろな視点から世界を見ていきたいです。

地理的分野　B　世界の様々な地域　(1) 世界各地の人々の生活と環境（8時間扱い）

なぜ, 世界各地では人々の生活に多様な特色が見られるの？

単元計画のポイント

　本単元は, 世界の多様な地域とそこに住む人々の生活を主な学習対象とし, 世界の地理的認識を養うことをねらいとしています。ポイントとしては, 以下の点が挙げられます。

① 　人々の生活が自然及び, 社会的条件から影響を受けたり, 反対にその場所の自然及び社会的条件に影響を与えていたりする事例を取り上げる。

② 　世界各地の人々の生活やその変容を基に, 世界の人々の生活や環境の多様性が理解できる事例を取り上げる。

③ 　衣食住の特色や, 生活と宗教の関わりがわかりやすい事例を取り上げる。

　「○○はどのような地域なのだろうか？」という問いによって「地域」, 「○○という地域は自然環境の影響を生かして, どのような生活の工夫をしてきたのだろうか？」という問いによって「人間と自然環境との相互依存関係」という「見方・考え方」を働かせることになります。また, 「○○で□□という特色が見られるのはなぜか？」という動態地誌の学び方を身に付ける単元になります。単元のどこで, どのような問いを出すことで生徒の思考が深まるかを考えて単元構成をすることが大切です。

単元の構成　　○…「評定に用いる評価」, ●…「学習改善につなげる評価」

時	主な発問	評価の観点		
		知	思	態
1 単元の導入	・各地の人々の生活の様子に関する景観写真から, 気付いたことや疑問を出し合う。			●
	単元を貫く発問 なぜ世界各地では人々の生活に多様な特色が見られるのだろうか？			
	・気候分布を見て, 同じ気候帯が帯状に広がっていること, 植生と関係があることに気付かせる。	● 技		

2	山岳地帯と島嶼（とうしょ）地域の違いを比較しよう。		
	① 景観写真や雨温図から，フィジーの気候の特色を読み取ろう。	● 技	●
	② フィジーで暮らす人々は，気候の影響を受けて，どのような住居や衣装になっているのだろうか？		●
	③ ボリビアの人々は，高度の影響を受けて，どのような農業を行っているのだろうか？		●
	④ ボリビアの人々は，高度の影響を受けて，どのような衣装を用いてきたのだろうか？		●
3	暑い地域と寒い地域の違いを比較しよう。		
	① アマゾン盆地で暮らす人々はどのような生活をしているのだろうか？	●	
	② イヌイットの人々は，自然環境の影響を生かして，どのような生活の工夫をしてきたのだろうか？		●
	③ なぜ，イヌイットの生活は変容してきたのだろうか？		●
4	宗教は生活にどのような影響を与えるのだろうか？		
	① ベドウィンの人々の伝統的な生活の様子を宗教分布図から読み取ろう。	● 技	●
	② 宗教分布図を読み取り，宗教と生活との関係について考えよう。		●
	③ サヘル地域に居住する人々の生活の様子から，生活の変容が自然環境に与える影響について考えよう。		○
5	なぜ，環境の異なるマレーシアとシベリアで高床式の住居が見られるのか？		
	① マレーシアとシベリアの環境の違いを雨温図から読み取ろう。	● 技	
	② グループで調べて考えよう。		●
	(1) マレーシアで高床が必要な理由を考えよう。		
	(2) シベリアで高床が必要な理由を考えよう。		
	③ 異なる環境で似たような生活の工夫があるのはなぜだろうか？		●
6・7	なぜ，同じ温帯の日本，イタリア，トルコで異なる生活が見られるのだろう？		
	① 気温と降水量の違いから異なる生活になる理由を考えよう。		●
	② 宗教の違いから異なる生活になる理由を考えよう。		●

	③　班での対話を通して，追究してわかったことをもちよって発表しよう。			○	
	④　発表してわかったことをまとめよう。		●		
8 単元のまとめ	・気候帯，宗教の分布図を載せたワークシートに単元で学習した生活やその変容に関する写真を貼り，それが見られる理由を書き込む。		●	●	
	・単元の学習を振り返り，関心をもったこと，さらに調べたいこと，よくわからなかったことを記述する。				●
【単元のまとめ】 世界各地の生活の営まれる場所は，自然的条件と社会的条件によって大きく変わる。そのため，世界各地で人々の生活，衣食住などに多様な特色が見られる。また，人々による地域開発が植生などに大きく影響を与えている。		○	○	●	

授業展開例（5時）

　5時では，環境が異なれば異なる生活が営まれるはずである，という生徒の認識を揺さぶるために，暑い地域においても寒い地域においても高床式の住宅が見られる理由を追究します。

　本時の思考過程のデザインは次の通りです。

なぜ，環境の異なるマレーシアとシベリアで同様の高床式の住宅が見られるのだろう？

・マレーシアは気温が高く湿気が高い。 ・マレーシアは洪水が発生する。 ◎家の中に熱や湿気がこもらない工夫が必要だから高床式の住宅になっている。	・シベリアは永久凍土が広がっている。 ・人々は暖房を使っている。 ◎建物から出る熱で永久凍土を溶かして，建物が傾くのを防ぐために高床式の住宅になっている。

人々の生活は，自然環境及び社会環境の影響を受けている。同じ高床式の住居でも，そのようにする理由は，自然環境によって異なっている。

評価の具体例

単元のまとめのワークシートを以下のような視点で評価しました。

【思考・判断・表現】

人々の生活の特色を，その生活が営まれる場所の自然環境及び社会的条件などに着目し多面的・多角的に考察するとともに，その相互依存関係について理解している記述が見られる。

記述例：

- フィジーの人々は，暑い環境で生活しているため，薄着であり，上はTシャツ，サンダルでの外出が多い。
- ボリビアの人々は，標高に合わせて農作物を育てている。服装は寒さを防ぐためにアルパカの毛を用いたポンチョなどである。
- ベドウィンの人々は，一年中暑く，日差しが強い環境のため，風通しのよい服装で生活している。また，砂漠化が進んでいるという地球的課題にも向き合っている。
- トルコの生活の特色にはイスラームの影響があることがわかる。例えば，女性の服装，断食などの習慣にも表れている。

主体的に学習に取り組む態度については，本単元では，●：「学習改善につなげる評価」に位置付けました。ここでの学びをB(2) 世界の諸地域にまたがって評価するためです。しかし，本単元のみで評価する場合は，○：「評定に用いる評価」に位置付けることも可能です。

【主体的に学習に取り組む態度】

単元の学習を振り返って，関心をもち，さらに調べたいことや，よくわからなかったことを整理し，これからの学習に意欲的に取り組もうとしている記述が見られる。

記述例：

世界各地で生活の特色が異なる理由は，自然環境だけだと思ったが，そこには宗教や社会的条件などが関係していることがわかった。また，伝統的な生活を変化させた人々の生活が，自然環境や社会に影響を及ぼすこともわかった。自分の生活と無関係と思わず，どこかでつながっているという意識をもって人々の生活を見ていきたい。

単元の学習を終えて，改めて自分の生活を見直すと，自然環境の影響を受けて今のようになっているのか，社会的条件によって今のようになっているのかよくわからなくなった。しかし，自分の生活も確実に自然環境や社会的条件に影響を与えていると思う。

世界や日本の地理を学習するときにこの疑問を考え続けていきたい。

なぜ，オーストラリアは多文化社会に移行したの？

単元計画のポイント

　本単元は，世界の諸地域という中項目に関して，6つの州からなる小項目で構成されています。中項目全体を貫く発問は示していませんが，新学習指導要領においては，"地球的課題"がキーワードになっています。

　各州の学習を貫く発問の設定と同時に，その地域において特徴的に見られる地球的課題と関連付けることが求められています。例えば，持続可能な開発目標（SDGs）などに示された課題を取り上げることで，生徒が自分事として捉えることができると考えられます。そして，この課題は，地球上のどこでも現れる事象であるという捉えとともに，学習する地域の地理的な特色によって要因や影響が，対処の仕方が異なることも押さえる必要があります。

　したがって，6つの州の学習が関連付けられるように工夫することが大切です。なお，本書においては，学習指導要領に掲載された順に示しましたが，学習の順番は決まっているわけではありません。生徒が身近に感じるアジア州を最後にするという計画も可能でしょう。

単元の構成　　○…「評定に用いる評価」，●…「学習改善につなげる評価」

時	主な発問	評価の観点		
		知	思	態
アジア州 7時間	1時　アジア州の人口増加や急速な経済発展，課題について疑問を出し合おう。	●		●
	単元を貫く発問 巨大な人口と急速な経済発展に注目して，アジア州の特色を追究しよう。			
	2時　中国はどのように経済発展したのだろうか？	●	●	
	3時　なぜ，経済発展した中国で居住環境の問題が起きているのだろうか？			●
	4時　東南アジア諸国の産業はどのように変化したのだろうか？	●		
	5時　インドをはじめ南アジア諸国はどのように経済発展したのだ	●		

	ろうか？			
	6時　西アジアや中央アジアは，どのように経済発展したのだろうか？	●		
	7時　単元のまとめ			

【アジア州のまとめ】

アジア州は，人口増加を背景に，市場の拡大，豊富な鉱産資源，新たな産業への取組などにより急速な経済発展を遂げている。しかし，居住環境の変化など，課題を抱えている地域もある。 ○ ○ ●

ヨーロッパ州　6時間	1時　統計資料からヨーロッパ各国の共通性や多様性を読み取ろう（宗派，言語，文化などを中心に）。	●		●

単元を貫く発問

なぜ，ヨーロッパ州ではEU統合が進み，一方で分離独立の動きがあるのか？

	2時　ヨーロッパ州では，国境を越えた結び付きにより，人々の生活はどのように変化したのだろうか？	●		
	3時　ヨーロッパ州の農業や工業には，どのような特色や課題があるのだろうか？	●		
	4時　EU統合により，どのような変化や課題が生じてきたのだろうか？	●		
	5時　なぜ，イギリスはEU離脱を表明したのだろうか？			●
	6時　単元のまとめ			

【ヨーロッパ州のまとめ】

ヨーロッパ州では，二度の世界大戦の反省から統合の動きが高まり，加盟国を拡大し結び付きを強めていった。統合により，政治的・経済的な協力が見られる一方，経済格差や労働問題から分離，独立の動きが見られる。 ○ ○ ●

アフリカ州　5時間	1時　アフリカ州の地図（自然環境，農産物，国境線，鉱産資源の分布）から疑問を出し合おう。	●		●

単元を貫く発問

なぜ，アフリカ州は，豊富な鉱産資源があるのに貧困が続いているのだろうか？

	2時　なぜ，カカオ生産量とチョコレート消費量の多い国は異なるのだろうか？―産業に着目して―	●	●	
	3時　アフリカはどのような歴史を辿ってきたのだろうか？―文化から考える―	●	●	

↓	4時　アフリカ各国が抱えている課題に対して，自国の取組，他国からの支援はどのように行われているのだろうか？ 5時　単元のまとめ	●		

【アフリカ州のまとめ】

アフリカ州は，豊富な鉱産資源によって収入を得る一方，特定の農産物や鉱産資源の輸出に頼っている傾向がある。背景にはヨーロッパ各国からの植民地支配があり，自立と支援の両方からの課題解決が必要である。	○	○	●

北アメリカ州　5時間	1時　なぜ，北アメリカ州には，様々な民族が集まっているのだろうか？	●		●

> **単元を貫く発問**
> 世界をリードするアメリカ合衆国には，どのような課題があるのだろうか？

	2時　アメリカ合衆国の生活や文化にはどのような特色があるのだろうか？	●		
	3時　なぜ，アメリカ合衆国は「世界の食料庫」と呼ばれるようになったのか？		●	
	4時　なぜ，アメリカ合衆国の工業の中心は，移動したのだろうか？		●	
↓	5時　単元のまとめ			

【北アメリカ州のまとめ】

アメリカ合衆国で生まれた文化は世界中に広がっている。その一方，農業では環境，工業においては資源の面で，持続可能な開発に関する課題が見られる。また，国内の民族問題や他国からの移民の問題も抱えている。	○	○	●

南アメリカ州　4時間	1時　南アメリカ州の自然環境や先住民族の暮らしからどのような課題が見られるだろうか？	●		

> **単元を貫く発問**
> 南アメリカ州の開発はどのように行うのが望ましいのだろうか？

	2時　ブラジルの農業，工業にはどのような変化が見られるのだろうか？	●		
	3時　ブラジルの開発は環境や生活にどのような影響を与えているのだろうか？	●		
↓	4時　単元のまとめ			

【南アメリカ州のまとめ】 アマゾン川流域では，鉱山開発のために熱帯林が切り開かれたり，鉄鉱石を運ぶための鉄道がつくられたりするなど環境問題が深刻であり，日本も無関係ではない。資源を節約するなど持続可能な開発が望ましい。			○	○	●

オセアニア 1／4時間	オセアニア州にはどのような歴史があるのだろうか？		
	① なぜ，オセアニア州の国旗にイギリスの国旗があるのだろうか？		●
	② オーストラリアには，どのような歴史，文化があるのだろうか？		●
	③ オーストラリアには，どのような人々が住んでいるのだろうか？（ラグビー，サッカーの代表チームの写真などから考える）		●

単元を貫く発問
なぜ，オーストラリアは多文化社会に移行したのだろうか？

2／4時間	植民地支配と移民の歴史はオーストラリアにどのような影響を与えているのだろうか？		
	① オーストラリアでは，民族構成がどのように変化してきたのだろうか？（アジア州の出身者が増えていることに着目させる）	●	
	② オーストラリア，ニュージーランドにおける多文化社会の実現のための配慮にはどのようなものがあるか説明しよう。		●

3／4時間	① オーストラリアの貿易相手国は，どのように変化しているか説明しよう。	●	
	なぜ，オーストラリアでは，アジア諸国との貿易割合が増えているのだろうか？		
	② オーストラリアはアジア州にどのようなものを輸出しているのだろっか？	●	
	③ オセアニア州はどのようにアジアの国々と結び付きを強めているのだろうか？（主な観光地，季節が逆の雨温図，真夏のクリスマスなどから考える）		●

| 4／4時間 | 【単元のまとめ】
① トゥールミン図式を完成させよう。多文化社会に移行する原因と考えられる事実を，下に示した視点を用いて設定しよう。
【考える視点】
○ 空間的相互依存作用（オーストラリアは，それ以外の場所とどのような関係をもっているか？）
○ 地域（オセアニア州はどのような地域なのか？）

事実（設定した視点） 結論　多文化社会に移行した。

理由（事実から結論付ける理由）

② グループで話し合い，他者はどのような視点を用いて多文化への移行の原因を考えていたか，そして結論付けるためにどのように理由付けをしていたかを記録しよう。
③ グループで話し合って深まった点，次の単元で生かせることをまとめよう。 | ○

○

○ |

▌授業展開例（オセアニア州４／４時間）

　本時は，単元の課題「なぜ，オーストラリアは多文化社会に移行したのだろうか？」の解を出す場面です。この際，トゥールミン図式を用いてまとめる作業を行いました。この図式は，思考の整理のためにこれまでの単元においても意図的に取り入れてきました。本時では，結論部「多文化社会に移行した」は示しておき，事実と理由の部分を考えさせるようにしました。例えば，アジアの国々との交易を事実とした場合，なぜアジアとの交易が多文化社会への移行につながると言えるのか，という視点で理由を考えさせます。すると，交易を盛んにするためには，人種差別があってはならないと考えたなどの考えが出てきます。このような思考は，場所の地域的特色や，周囲の自然環境との相互依存作用という見方・考え方を働かせることにつながります。そして，地理的な課題の解決に向かう資質・能力が身に付くと考えます。

対話の場面

▌ 評価の具体例

　本単元の評価は，③のグループでの対話で深まった点，学んだことのまとめから，以下の観点で行いました。また，主体的に学習に取り組む態度については，各州の学習で形成的評価をし，最後に位置付けた本単元において，総括的評価をしました。

【思考・判断・表現】
記述例：オーストラリアは民族構成の変化に伴って，白豪主義という人種差別が始まった。先住民との関係，もともとはイギリスの流刑地であったという建国の歴史，ヨーロッパ州からアジア州に貿易相手国や移民の出身国が変化するなど，様々な要因で多文化社会に移行したということがわかった。

【主体的に学習に取り組む態度】
記述例：オセアニア州で学んだ，貿易相手国の変化，他国とのつながりを日本の地理を学習する際にも役立てていきたい。例えば，貿易相手国の変化には政治や歴史が関係していること，季節が逆であるという地理的な条件が関係していることがわかったので，様々なことを関連付けて，地域の特色が見られる理由を説明できるようにしたい。

地理的分野　C　日本の様々な地域　(1) 地域調査の手法（6時間扱い）

私たちの学校周辺にはどのような特色や課題がある？

単元計画のポイント

　本単元は，学校周辺の地域を舞台とし，地域調査の手法や調査したことを多面的・多角的に考察し，表現することが求められています。以前の学習指導要領では，「身近な地域の調査」という項目で，日本の諸地域の学習の後に設定されていました。日本全体の地理的な特色をつかんだ後に，自分の住んでいる地域を調べるという流れでしたが，新学習指導要領においては，この項目から日本の様々な地域の学習が始まります。主に，第2学年で実施することが多い単元ですが，本単元で地域を舞台に調査方法を身に付け，「地域区分」「日本の諸地域」を学習し，最後に再び地域に戻り，課題の解決の構想をする「地域の在り方」につなげる，という見通しをもって年間指導計画を作成することが大切です。

　なお，本単元は，C(3) 日本の諸地域において学校所在地を含む地域の学習や，C(4) 地域の在り方と結び付けて学習することが可能であることが，新学習指導要領に示されています。本書では，地域の在り方の中でも本単元を結び付けるための例を示していますので，学校の実態，授業等時数に応じて本単元の位置付けを決めて構いません。

　ところで，校外に出かけて野外調査をすることに対しては，以前の学習指導要領のときから学校，生徒の事情等様々な制約があることが予想されています。本単元では，学校の登下校の際に地域調査をすることを求め，その調査結果を基に学校でさらに追究するようにしました。

単元の構成　　○…「評定に用いる評価」，●…「学習改善につなげる評価」

時	主な発問	評価の観点		
		知	思	態
1 単元の導入	この地域（学校周辺）はどのような場所なのだろうか？			
	①　さいたま市全図を見て，以下の場所にチェックをし，周辺の特色を理解しよう。 　(1) 自宅（地図外の生徒は，さいたま市内の友人・知人宅）	●技		

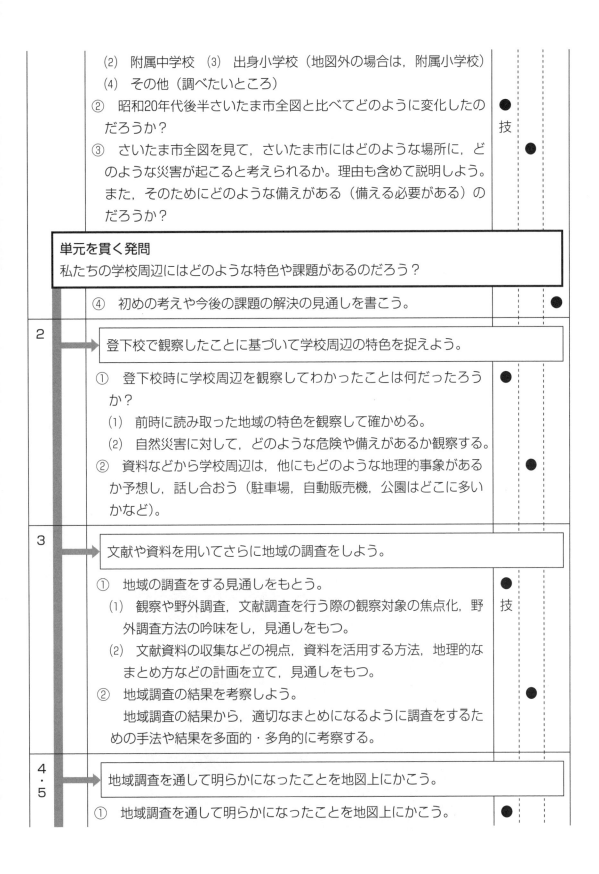

(2) 附属中学校 (3) 出身小学校（地図外の場合は，附属小学校） (4) その他（調べたいところ）		
② 昭和20年代後半さいたま市全図と比べてどのように変化したのだろうか？	●技	
③ さいたま市全図を見て，さいたま市にはどのような場所に，どのような災害が起こると考えられるか。理由も含めて説明しよう。また，そのためにどのような備えがある（備える必要がある）のだろうか？		●

単元を貫く発問
私たちの学校周辺にはどのような特色や課題があるのだろう？

④ 初めの考えや今後の課題の解決の見通しを書こう。		●

2

登下校で観察したことに基づいて学校周辺の特色を捉えよう。

① 登下校時に学校周辺を観察してわかったことは何だったろうか？ (1) 前時に読み取った地域の特色を観察して確かめる。 (2) 自然災害に対して，どのような危険や備えがあるか観察する。	●	
② 資料などから学校周辺は，他にもどのような地理的事象があるか予想し，話し合おう（駐車場，自動販売機，公園はどこに多いかなど）。		●

3

文献や資料を用いてさらに地域の調査をしよう。

① 地域の調査をする見通しをもとう。 (1) 観察や野外調査，文献調査を行う際の観察対象の焦点化，野外調査方法の吟味をし，見通しをもつ。 (2) 文献資料の収集などの視点，資料を活用する方法，地理的なまとめ方などの計画を立て，見通しをもつ。	●技	
② 地域調査の結果を考察しよう。 地域調査の結果から，適切なまとめになるように調査をするための手法や結果を多面的・多角的に考察する。		●

4・5

地域調査を通して明らかになったことを地図上にかこう。

① 地域調査を通して明らかになったことを地図上にかこう。	●	

	② 土地利用などを表した主題図などから，地域の地形と土地利用の関係を考えよう。			●
6 単元のまとめ	地域調査の結果から学校周辺にはどのような特色や課題があるのか捉えよう。			
	○ 調べた結果を文章で表現したり，グラフや表にしてわかりやすく示したり，地図を活用して表現したりして，学校周辺地域の特色や課題を捉える。			
	【単元のまとめ】 　学校周辺には，横断歩道を見てもスクランブルになっているところもあれば，設置されていないところもある。これは人の流れや交通量に偏りがあるからだ。このことから学校周辺では人口や交通の分布に偏りがあることがわかった。人や交通量の多い地域では事故の危険が多くなる課題がある。	○	○	●

▎授業展開例（単元の導入）

　本時は，単元の導入であり，さいたま市の地図から情報を読み取って，単元を貫く学習問題につなげる時間です。この時間で地形図の読み取りの技能を身に付けます。

① 指示された場所にチェックをし，周辺の特色を調べている場面

> 中浦和駅から埼大附中に行くまで大きな坂があるけれど，土地の利用がまったく違うんだね。

> 学校はここにある。住宅地の中にあることが地図を見てもわかるね。

② 昭和20年代の地図と見比べて変化を調べている場面

こうして新旧の地図を比べてみると，変わったところと変わらないところがよくわかるね。

昭和のころは学校の周辺は水田だったようだね。土地が低いところのようだね。

③ どのような場所にどのような災害が起きるかを考えている場面

この辺は低地だから，大雨のときに心配だね。

別所沼の水があふれたら学校の周辺はどうなってしまうのだろう？

▍評価の具体例

【知識・技能】

　地形図に関する評価問題によって習得状況を見取りました。

【思考・判断・表現】

　調査結果をまとめた地図中の下記のような記述を「B」評価と判断しました。

　防災を選択した生徒…学校周辺は，低地であり，雨が降ったときにすぐに水が溜まってしまうことが地域を歩いた際の観察からわかりました。また，洪水が起きないような工夫をしてきた歴史があることが調査からわかりました。

【主体的に学習に取り組む態度】

　C(4) 地域の在り方と結び付けて評価することが可能，ということを踏まえ，地域の在り方（後述）の作品の評価とまとめて評価しました。

日本の地域的特色に基づいて，日本の地域区分を考えよう

単元計画のポイント

　本単元は，新学習指導要領に新たに示された「地域区分をする技能を身に付けること」をねらいとして開発・実践したものです。「①　自然環境」「②　人口」「③　資源・エネルギーと産業」「④　交通・通信」の４つの項目を通して，日本の国土の特色や大まかな国内の地域差を捉え，日本の地域的特色を多面的に理解することがねらいです。

　そして，生徒が①から④までの項目における学習の終末に作成した分布図や地域区分を重ね合わせて関連付け，複数の項目による「⑤　新たな地域区分」を作成する場面が「見方・考え方」が最も働く場面であり，そこで見いだされた地域の意味を多面的・多角的に考察し，地域的特色を表現したものが，「見方・考え方」を働かせた結果としての資質・能力と言えると考えます。

　単元計画のポイントとして，単元の導入では，生徒に課題解決までの見通しをもたせるため，地域区分用のワークシートを配付し，①から④までの項目における分布図と⑤　新たな地域区分の作成を１枚のワークシートにポートフォリオ形式でまとめること，「地域を区分することに，どのような意味があると思うか？」という問いに対する解を記入させることを行います。

単元の構成　○…「評定に用いる評価」，●…「学習改善につなげる評価」

時	主な発問	評価の観点		
		知	思	態
単元の導入　１時間	①　世界と比べた日本の特色を様々な面から大観しよう。　　グループをつくり，KJ法を用いて各自が出した特色を分類する。			●
	②　日本はどのような特色があるのだろうか？	●		
	単元を貫く発問 日本の地域的特色に基づいて，日本の地域区分を考えよう。			

【1次】①　自然環境（3時間）

1	**1次を貫く発問** 日本の自然環境には，どのような特色があるのだろうか？			
	日本の地形には，どのような特色があるのだろうか？			
	①　日本が世界の中でも地震や火山活動が活発な国である理由を，説明しよう。また，地震や火山活動がほとんど起こらない地域の特色を説明しよう。	●		
	②　海洋に囲まれた日本の国土の特色をまとめよう。	●		
	③　日本の川，平野の特色や分布をまとめよう。	●		
2	自然災害と防災への取組から，日本の自然環境の特色を考えよう。			
	地図を使って調べよう（2～4人の学習）。			
	①　日本にはどのような自然災害があるのだろうか？	●		
	②　高潮が発生しやすいところ，洪水危険地帯は，地形や気候とどのように関係しているか考えよう。		●	
	③　将来の南海トラフの巨大地震への備えや，2011年の東日本の大震災以降の防災への工夫にはどのようなものがあるか考えよう。		●	
3	日本の自然環境の特色に基づいた地域区分を考えよう。			
	①　自然環境の特色に基づいて，日本をいくつかに地域区分をするための視点を考えよう。 （例）災害の多い地域はどこに位置するのか？　降水量が多い地域はどのように分布するのか？		●	
	②　①で決定した視点で区分するためには，どの資料（地図や分布図）を組み合わせる必要があるのか考えよう。	●		
	③　②の作業を他者と共有して，新たに発見した視点をメモしよう。			●
	【1次のまとめ】 　日本は環太平洋造山帯に属し，地震や火山が多い場所に位置している。日本は，多くは温帯に属し，降水量も多く，森林樹木が成長しやすい環境であるという特色がある。また大規模地震や台風などの自然災害が発生しやすく，防災対策に努めてきたという特色がある。	○	○	●

1	**2次を貫く発問** 日本の人口には，どのような特色があるのだろうか？			
	日本の人口の特色を考えよう。			
	① 日本の人口は，世界と比べてどのような特色があるか，また，その理由を考えよう。	●		
	② 少子高齢社会とは，どのような社会か，また，その課題は何か考えよう。	●	●	
2	国内の人口分布や過疎・過密問題から，日本の人口の特色をまとめよう。			
	① 人口が多い地域（過密地域），少ない地域（過疎地域）は，どこに分布しているか，また，なぜそのような分布を示すのか考えよう。	●		
	② 人口が多い地域（過密地域），少ない地域（過疎地域）は，どのような特徴や課題があるか，また，なぜそのようになったのか考えよう。	●	●	
3	日本の人口の特色に基づいた地域区分を考えよう。			
	① 人口の特色に基づいて，日本をいくつかに地域区分をするための視点を考えよう。 （例）人口減少地域は，どこに位置するのか？ 人口が多い地域は，どのように分布するのか？			●
	② ①で決定した視点で区分するためには，どの資料（地図や分布図）を組み合わせる必要があるのか考えよう。	●		
	③ ②の作業を他者と共有して，新たに発見した視点をメモしよう。			●
【2次のまとめ】 　日本は世界に類を見ない速さで少子化，高齢化が進んだことにより，様々な課題に直面しているという特色がある。平野部には大都市圏が発達し，過密地域が見られ，山間部には住宅地が点在しているような過疎地域が見られる。	○	○	●	

【3次】③　資源・エネルギーと産業（4時間）

1	**3次を貫く発問** 日本の資源・エネルギーと産業には，どのような特色があるのだろうか？			
	日本の資源・エネルギーに関する特色を考えよう。			
	①　資料を読み取り，日本が資源の大部分を輸入している理由を，世界の資源の生産と分布という観点からまとめよう。	● 技	●	
	②　なぜ，日本は原子力発電に依存し，現在は利用が見直されたのか考えよう。		●	
	③　持続可能な社会を実現するために，どのような取組があるだろうか？　再生可能エネルギー，資源のリサイクル・再資源化などをキーワードにしてまとめよう。			●
2	日本の第3次産業，農業・林業・漁業にはどのような特色があるのだろうか？			
	①　資料を読み取り，日本の農業の特色や課題（食料自給率の低下など）についてまとめよう。	● 技		
	②　"とる漁業から育てる漁業へ"とは何か？　また，そのように転換した理由を説明しよう。		●	
3	日本の工業の特色を工業立地の変化に着目してまとめよう。			
	①　臨海部は，どのような工業が盛んか？　都市部は，どのような工業が盛んか？　また，北関東工業地域（内陸型）が発展した理由を考えよう。	●	●	
	②　なぜ，日本企業は海外に工場をつくるようになったのか考えよう。		●	
	③　産業の空洞化とはどのような現象か？　その原因を説明しよう。	●		
4	日本の資源・エネルギーと産業の特色に基づいた地域区分を考えよう。			
	①　資源・エネルギーと産業の特色に基づいて，日本をいくつかに地域区分をするための視点を考えよう。 （例）農業地域は，どこに位置するのか？　工業が盛んな地域は，どのように分布するのか？		●	

② ①で決定した視点で区分するためには，どの資料（地図や分布図）を組み合わせる必要があるのか考えよう。	●		
③ ②の作業を他者と共有して，新たに発見した視点をメモしよう。			●

【3次のまとめ】			
日本は資源がほとんどなく，大部分を海外からの輸入に依存している。また，太平洋ベルトには，工業，流通，金融，情報などの産業が多く，日本海側，北海道は農業や水産業，地場産業，観光産業などが見られる。	○	○	●

【4次】④　交通・通信（2時間）

1	**4次を貫く発問** 日本の交通・通信には，どのような特色があるのだろうか？			
	日本の交通・通信の特色を考えよう。			
	① 海上，航空でそれぞれどのような物を輸送しているか？	●		
	② 交通の整備が進んでいない地域はどこに位置し，どのような課題があるか？		●	
	③ 情報通信技術（ICT）の発達と通信網の整備に伴う生活の変化の例をまとめよう。	●		
2	① 交通・通信の特色に基づいて，日本をいくつかに地域区分をするための視点を考えよう。 　（例）新幹線の駅，空港は，どこに位置するのか？　交通が不便なところは，どのように分布するのか？		●	
	② ①で決定した視点で区分するためには，どの資料（地図や分布図）を組み合わせる必要があるのか考えよう。	●		
	③ ②の作業を他者と共有し，新たに発見した視点をメモしよう。			●

【4次のまとめ】			
日本全体で見ると，新幹線，高速道路，航路・航空路網，情報通信ネットワークなどの整備が進んでいる。また，国内各地の時間的な距離が短縮されている。	○	○	●

単元のまとめ	**単元を貫く発問** 日本の地域的特色に基づいて地域区分した視点について考察しよう。			
	① 自分が作成した新たな地域区分について，地域区分をするため		○	

1時間	の視点や指標，区分された地域の地域的特色について発表し合い，他者の考えを表に記録しよう。 ② 他班の代表者の発表を聞いて，他班の仲間は，どのような視点から区分していたか，区分された地域にどのような特色を見いだしていたかについて記録しよう。 ③ 班の話合い，全体発表を通して，新たに気付いた点，考えが深まった点を記入しよう。	○	○

授業展開例（単元のまとめ）

　次は，本単元で用いたワークシートです。①から④までの項目で区分をつくり，まとめとして⑤　新たな地域区分を作成します。

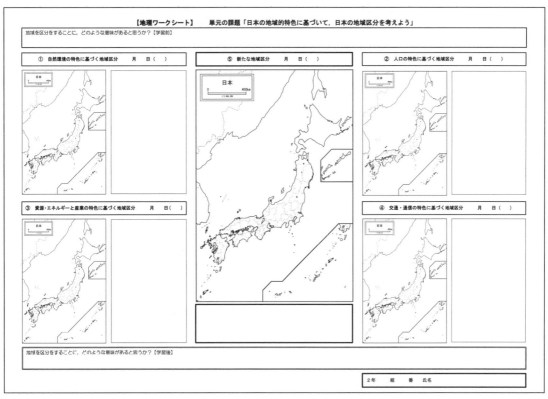

本単元で用いたワークシート

自然環境と交通の区分を組み合わせたのとでは，異なった地域区分が見えるのだね。

人口と交通の区分を組み合わせるとこのような新たな地域区分ができます。

単元を通して生徒が作成した新たな地域区分について，発表する場面です。それぞれの区分からどのようなことがわかるかを考える際に，対話が生まれます。

人口の指標が1万人単位だけれど，千人単位にすると，地域区分が違って見えるね。

対話の場面

生徒が作成した新たな地域区分を，タブレットで撮影し，大型画面で共有します。

班での話合いを終えた後に，班の代表者が，自分が作成した地域区分を発表する場面です。話し合った結果，日本を区分する際に，どのようなことがわかり，深まったかについて共有しています。

この班では，産業と交通・通信の区分を組み合わせて，産業の発達しているところには鉄道や高速道路，空港などが整備されているということがわかりました。これには，産業と輸送との関わりがあると考えました。

共有の場面

評価の具体例

【思考・判断・表現】

　単元の評価は，生徒のワークシートを基に，⑤　新たな地域区分に対して，どのような視点から区分したのか，区分した結果どのようなことがわかったのかについて，複数の視点から考察することができているかを評価しました。

緑（北海道・沖縄）：過疎地域が多く，老年人口の割合が高いが，観光地として都会
青：過疎地域が多く交通が不便→田舎
赤：人口が多く，交通が便利

【主体的に学習に取り組む態度】

　ワークシートの「地域を区分することに，どのような意味があると思うか？」に対する学習前後の記述から，評価をしました。変容も含めて，生徒がどのように学びを調整していったのかを見取りました。

学習前	学習後
何がどこに集中しているか，どこに多いか少ないかわかると思う。	日本全体の分布を見ることで，新たな視点に気付き，なぜこの地域がこのようになったのかなどの理由も明確になると思う。また，気付かなかった関係性にも気付ける。
自分のいる場所はどのようになっているか，調べたいところがどうなっているかすぐわかるようにする。	調べたいところがどうなっているかすぐわかることができる。図を重ねることにより，これまで気付かなかった新たな課題に気付くことができる。
それぞれの特色がわかり，何個も地域区分をすることで，地域ごとの特色が見つかる。	分けた地域の特色と，なぜそうなるのかを見つけられ，地域区分をいくつも重ねることによって，いろいろな特色がわかり，よさや課題が見つけられる。

日本の諸地域を学習する視点を考えよう

単元計画のポイント

　本単元は，日本の諸地域の特色や課題を「①　自然環境」「②　人口や都市・村落」「③　産業」「④　交通や通信」「⑤　その他の事象」を考察の仕方として用いて考察することがねらいです。ここでは，地域区分として七地方区分を採用しましたが，学校や地域の実態に応じて区分を考えることも可能です。

　例えば，中部・北陸地方で学習することが多いと考えられる新潟県を，交通や通信の視点から関東地方と合わせて学習したり，産業の視点から東北地方と合わせて学習したりすることが考えられます。

　中項目全体を貫く発問は設定していませんが，小項目において各地域を学習する上では，考察の仕方を設定するため，教師側も見通しをもった学習計画が必要となります。そこで，ここでは地域区分を行い，各地域をどのような視点で学習するかを考える時間を設定しました。

単元の構成　○…「評定に用いる評価」，●…「学習改善につなげる評価」

時	主な発問	評価の観点		
		知	思	態
地域区分 1時間	日本の諸地域を学習する視点を考えよう。			
	・(2) 日本の地域的特色と地域区分の学習に基づき，日本の七地方に特徴的な事柄をまとめ，日本の諸地域を学習する見通しをもたせる。			●
九州地方 4時間	1時　九州地方の自然環境にはどのような特色があるのだろうか？	●		
	九州地方を貫く発問 九州地方の人々はどのように自然環境を生かしているのだろうか？【①　自然環境】			
	2時　九州地方の工業の特色について考えよう。		●	

↓	3時　九州地方の人々はどのように火山地形と関わっているのだろうか？	●		
	4時　九州地方の温暖な気候をどのように生かしているだろうか？	●		
【九州地方のまとめ】 　九州地方は，台風の通り道であり，火山も多く自然災害が多いが，防災，減災に取り組んだり，自然環境を生かす工夫をしたりしながら，自然と共生し，産業を発展させている。		○	○	○
北海道地方　4時間	1時　北海道地方の自然環境にはどのような特色があるのだろうか？	●		●
	北海道地方を貫く発問 北海道地方の人々はどのように自然環境と共生しているのだろうか？【①　自然環境】			
	2時　北海道地方ではどのように観光業が営まれているのだろうか？	●		
	3時　なぜ，北海道地方で農業が可能になったのだろうか？			●
	4時　北海道地方では観光業や稲作・畑作以外にどのような産業があるのだろうか？	●		
【北海道地方のまとめ】 　北海道地方は，冷涼で広大な自然環境であり，開拓者たちが土地を改良したり，品種改良，大型機械を導入したりすることで，自然と共生し，日本の食料基地と呼ばれるまでになった。		○	○	○
中国・四国地方　4時間	1時　中国・四国地方の産業にはどのような特色があるのだろうか？	●		●
	中国・四国地方を貫く発問 中国・四国地方では，人口減少，人口偏在が見られる中で，人々はどのように産業を発展させたのだろうか？【③　産業】			
	2時　中国・四国地方の農業にはどのような特色があるのだろうか？	●		
	3時　中国・四国地方の観光業にはどのような特色があるのだろうか？	●		
	4時　なぜ，瀬戸内地方に造船所が集中しているのだろうか？			●
【中国・四国地方のまとめ】 　中国・四国地方では，交通の発達により観光業や農業を発展させている。ま		○	○	○

	た，この地域の歴史を背景として造船業が発展している。一方で，過疎化により，地域に応じた対応が求められるなど，課題もある。			
近畿地方 4時間	1時　近畿地方には，どのような特色があるのだろうか？	●		●
	近畿地方を貫く発問 環境問題や歴史的な町並みの保全問題など，環境保全に着目して近畿地方を追究しよう。【⑤　その他の事象：環境・景観の保全】			
	2時　琵琶湖とその周辺ではどのような環境保全の取組があるのだろうか？	●		
	3時　阪神工業地帯では環境問題に対してどのような取組が行われてきたのだろうか？	●		
	4時　なぜ，近畿地方では昔からの街並みを保存しようとしているのだろうか？			●
	【近畿地方のまとめ】 　近畿地方では，琵琶湖周辺や阪神工業地帯において，清掃活動を行うなど環境保全に努めている。 　また，古都の歴史的な街並みを維持するために府・県・市などの行政と企業，市民との一体化した取組が見られる。	○	○	○
中部地方 5時間	1時　中部地方の３つの地域の県の生活・文化や産業を調べ，人口との関係について考えられることは何だろうか？ 　⑴　東海　⑵　中央高地　⑶　北陸	●		●
	中部地方を貫く発問 人口や都市・村落に着目して，中部地方の生活・文化，産業を追究しよう。【②　人口や都市・村落】			
	2時　中部地方の工業にはどのような特色があるのだろうか？	●		
	3時　中部地方の農業にはどのような特色があるのだろうか？	●		
	4時　なぜ，北陸地方では地場産業が行われているのだろうか？			●
	5時　中部地方では，地域に応じた取組がどのように進められているのだろうか？			●
	【中部地方のまとめ】 　中部地方は，地域に応じた取組がある。人口の多い東海地方では工業，温暖な気候を生かした農業，村落の多い中央高地では精密機械や果樹，野菜の栽培，人口減少が進む北陸地方では，地場産業や稲作が行われている。	○	○	○

東北地方 4時間	1時　東北地方はどのような特色があるのだろうか？	●		●
	東北地方を貫く発問 東北地方では，高速道路や新幹線，空港や港湾の整備により，どのような変化が見られるのだろうか？【④　交通や通信】			
	2時　東北地方の交通網の発達と，祭りとはどのような関係があるのだろうか？		●	
	3時　東北地方の伝統工芸品の現代の様子についてまとめよう。	●		
	4時　仙台を事例として，交通の発展による変化をまとめよう。	●		
	【東北地方のまとめ】 　東北地方では，山地を貫き，都市と都市を結ぶ格子状に交通網が整備され，文化遺産や伝統行事を結び付ける役割を担っている。また，災害時の連携もとれるような工夫がなされている。	○	○	○

【7次】関東地方（6時間）

1	関東地方を学習するための単元を貫く学習問題を考えよう。			
	①　関東地方はどのような特色があるのだろうか？	●		
	②　リオデジャネイロオリンピックの競技会場の分布にはどのような特色があるのだろうか？	● 技		
	③　北京オリンピックの競技会場の分布には，どのような特色があるのだろうか？	● 技		
	④　東京2020オリンピックの競技会場の分布には，どのような特色があるのだろうか？	● 技		
	⑤　関東地方を学習するための単元を貫く学習問題を4人班で考えよう。			●
	関東地方を貫く発問 なぜ，関東地方を中心に東京オリンピック・パラリンピックが開催されるのだろうか？ 【⑤　その他の事象：持続可能な都市づくり】			
	⑥　単元を貫く学習問題についての初めの考え，解決するために必要な学習内容は何だろうか？			●
2	なぜ，東京や関東地方には，多くの機能が集中しているのか？			
	①　東京の中心部には，どのような機関が集まっているのだろう	●		

	か？		
	② 東京周辺の昼夜間人口比率の資料からどのようなことが読み取れるか？ またそのようになる理由は何だろうか。	●技	
	③ 東京オリンピック・パラリンピックの競技会場は，どのようなところにあるのだろうか？		●
3	**なぜ，東京や関東地方は人口が集中し，産業が発展したのだろうか？**		
	① 地価の分布に着目し，東京大都市圏は，どのように形成されたのか考えよう。		●
	② 横浜市中心部には，どのような特色があるのだろうか？	●	
	③ なぜ，幕張新都心やさいたま新都心がつくられたのだろうか？		●
	④ 商業施設や物流施設はどこに集まるか？ また，関東全体で見るとどのようなことが言えるだろうか？	●	
4	**東京や関東地方には，どのような産業が発展し，他地域と結び付いているのだろうか？**		
	① 京浜工業地帯，京葉工業地域でどのようなものを生産し，発展したのだろうか？	●	
	② 関東地方の農業には，どのような特色があるのだろうか？	●	
	③ 関東地方は，他地域や他国とどのように結び付いているのだろうか？		●
5	**単元を貫く学習問題「なぜ，関東地方を中心に東京オリンピック・パラリンピックが開催されるのか？」の結論を書こう。**		
	① 「なぜ，関東地方を中心に東京オリンピック・パラリンピックが開催されるのか？」の結論について，「① 自然環境」「② 人口」「③ 産業」「④ 交通・通信」「⑤ その他」の要因のうち関係が深いと思う順にランキングしよう。		●
	② グループで話し合い，グループのランキングを決定しよう。		●
	③ 他班のランキングを見て，質問を考えよう。		●
6	**単元のまとめ，単元を通して学んだこと，さらに学びたいことは何だろうか？**		
	・ワークシートに，単元の学習を通して，身に付いたこと，さらに学びたいことを書き，他者と共有する。		

<table>
<tr><td>

【関東地方のまとめ】

　関東地方を中心に東京オリンピック・パラリンピックを行う理由については，①～⑤の要因がすべてつながっており，そのことが他地域に勝り，東京を中心に開催されることが決まったと考えられる。東京オリンピック・パラリンピック開催は，地理的な要因だけでなく，政治・経済的な背景があることもわかった。
</td><td>○</td><td>○</td><td>○</td></tr>
</table>

授業展開例（関東地方）

① 課題把握の場面（第1時）

　本単元では，生徒に学習問題を立てさせることに挑戦しました。小学校では，児童に学習問題を考えさせることがほとんどですが，中学校においては，授業時数や，教師が意図する学習内容を踏まえた問いを生徒がもつとは限らないなど，様々な理由から教師側から生徒に学習問題を提示することがほとんどかと思います。そこで，本単元では，中学校の学習において，一単位時間のみならず，単元レベルの学習課題を生徒自身で練り上げ，その解決の見通しをもてる仕掛けによって，生徒が熱中する授業を行う方法に取り組みました。

　第1時では，関東地方の自然環境を教師が説明した上で，「関東地方を学習するための学習問題をつくろう」という課題に取り組ませました。その際，リオデジャネイロ五輪（2016年）と北京五輪（2008年）の競技会場の分布を比較させました。

S1　リオ五輪は，ブラジル国内で広範囲にわたって競技会場が分布しているのに対し，北京は，会場が北京市内に密集しており，狭い範囲であることがわかります。

T　では，東京オリンピック・パラリンピックの競技会場はどのように分布しているかな？

S1　東京都内だけでなく，関東地方の都県，さらには東北，北海道にも競技会場があります。

T　そうですね。これには，東京都だけでは費用が負担できない，真夏にマラソンを行うことはできないという指摘があったなど，様々な要因があります。それでは，これらの事実を踏まえて，関東地方を学習する上で，どのようなことを学習したいか4人グループで考えましょう。

S1　「なぜ，西日本は会場にはならないのだろうか？」というのはどうだろうか。

S2　それだと，関東地方の学習にならないと思うよ。「なぜ，東京オリンピック・パラリンピックの会場は関東地方だけにできないのか？」というのはどうかな？

S3　それだと，オリンピックの学習になってしまうね。「なぜ，関東地方を中心に東京オリ

ンピック・パラリンピックが開催されるのか？」なら，みんなの疑問も解決すると思う
けれどどうかな？

S4　それなら北海道や東北地方に競技会場がある理由も説明できるようになるかもね。

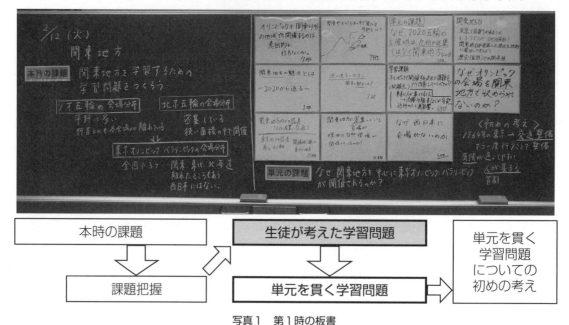

写真1　第1時の板書

②　課題解決の場面（第5時）

　本時は，単元を貫く学習問題の結論をまとめる時間となります。その際，4人グループで，
「①　自然環境」「②　人口」「③　産業」「④　交通・通信」「⑤　その他」の要因のうち，関
係が深いと思う順にランキングをつくらせました。その根拠を吟味させたり，他班に質問させ
たりすることで，生徒たちの対話を促し，学習に熱中する仕掛けとしました。

S5　交通の要因が大きいと考えます。理由は，人口が少なくても交通が発達していれば，観
　　客は集まるからです。東京は交通も発達し，人口も多いです。他国のオリンピック会場
　　と比べてみても，交通が発達しているところで開催されていることがわかります。

S6　交通より人口の要因の方が大きいと考えます。理由は，もし人口が少なかったら，観客
　　も減るからです。観客は，オリンピックに重要な要因だと考えるから人口だと思います。
　　また交通も人口のおかげで発展していると思います。

S7　冬季オリンピックの多くは，山間部で開催されます。やはり平野という自然環境が一番
　　の要因だと思います。

　授業はオープンエンド型で終わりますが，生徒たちが考えた東京オリンピック・パラリンピ

ックの競技会場が多く分布する理由の妥当性を地理的な「見方・考え方」を働かせて吟味することで関東地方の学習が深まると考えました。

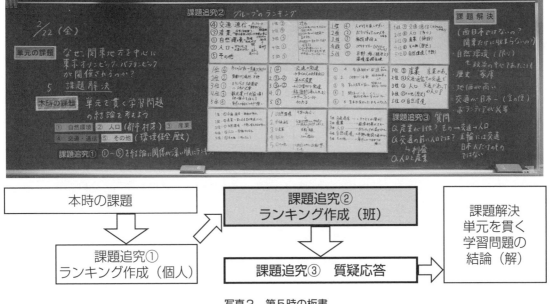

写真2　第5時の板書

③　単元のまとめ（第6時）

　第6時に単元を貫く学習問題の結論に取り組ませました。生徒たちは，5つの要因がすべてつながっており，そのことが他地域に勝り，東京を中心に開催されることが決まったことを見いだしていました。さらに，東京都に集中している都市機能を見直し，持続可能な都市づくりを目指して関東地方を中心に開催するのではないか，という考えに至ることもできました。

▌評価の具体例

　単元のまとめが主な評価となります。生徒たちは，5つの要因がすべてつながっており，そのことが他地域に勝り，東京を中心に開催されることが決まったことを見いだしていました。
【思考・判断・表現】
　関東地方を中心として，東京オリンピック・パラリンピックが開催されることを5つの要因のつながりから見いだすことができている。
【主体的に学習に取り組む態度】
　東京オリンピック・パラリンピックが関東地方を中心に開催される理由について，地理的な要因を踏まえた理由に加え，政治的・経済的な理由があることを見いだし，新たな課題として，公民的分野での追究が必要であることを見いだすことができている。

地域の人に読んでもらえる資料集をつくろう

単元計画のポイント

　本単元は，新学習指導要領に新たに登場した項目です。世界と日本の様々な地域を学習した後に，これまで学習したことを活用して，生徒自身が住む地域の課題を見いだすことがねらいです。そして，本単元では，「考察，構想」という文言が初めて登場します。地域社会の課題を考察したり，解決の方法を構想したりすることによって，社会参画の視点を取り入れた学習となります。埼玉大学教育学部附属中学校の学区は，さいたま市，川口市，戸田市，蕨市の4市にまたがっています。生徒自身も地域というものをあまり感じずに生活しています。そのため，本単元の学習は，地理的分野の学習としてのみならず，地域への社会参画を促す学習として意義があります。

　単元の構成に当たっては，まず事前調査として，次のようなアンケート調査を実施し，生徒の実態を把握し，さらにそれを共有しました。

1　あなたの居住地を答えてください。
　例：さいたま市浦和区　川口市幸町　戸田市本町　蕨市北町
2　あなたの居住する地域に関する情報（町の変化，イベント）で知っていることを説明してください。
3　あなたの居住する地域や生活にはどのような課題があると考えていますか。
4　家族で地域の将来について話すことはありますか。あるとしたら，どのようなことですか。
5　「地域の在り方」という単元ではどのようなことを学びたいですか。テーマにつながることでも可。

　アンケート調査の集計結果から，生徒の居住地の割合は浦和区，南区，中央区，川口市の順に高いことがわかりました。注目すべきは，問3　地域の課題を把握している生徒が多かった一方，問4　家族で地域の将来について話すと答えた生徒は4割未満であったという点です。
　そこで，「自分が住んでいる地域（市，番地，町内会）などの実態や課題を調べ，地域の人に読んでもらえる資料集をつくろう」という学習問題を設定しました。

単元の構成　　○…「評定に用いる評価」，●…「学習改善につなげる評価」

時	主な発問	評価の観点		
		知	思	態
1 単元の導入	埼玉大学教育学部附属中学校区（さいたま市，川口市，戸田市，蕨市）の課題を把握しよう。			
	・課題を調べるための諸資料（統計データ，まちの新旧の地図，写真，ハザードマップなどの防災情報）を集める。			●
	・市役所や市民の窓口，図書館などには，住んでいる地域の広報誌等があるので，調べに行く。また，ホームページ等も活用する。			

単元を貫く発問
自分が住んでいる地域（市，番地，町内会）などの実態や課題を調べ，地域の人に読んでもらえる資料集をつくろう。

時	主な発問	評価の観点		
		知	思	態
2	「地域の在り方」の調査テーマを決定しよう。			
	①　課題を把握するために，これまでの学習の視点を生かそう（例：地形から見える防災の課題，人口の増減から見える未来の予測，地域の産業の課題，交通・通信の整備の課題など）。 （例）　さいたま市－人口が増加している地域（浦和区・南区）の課題　開発の課題（緑区） （例）　川口市―伝統産業の変化　蕨市―水と環境保全　戸田市―埼京線のもたらした変化			●
	②　課題の要因の考察，課題解決の構想をするため，同じ課題をもつ地域はないか調べよう。	●		
3	実際に調査をしてみよう。			
	①　地域の実態や課題を諸資料（統計データ，まちの新旧の地図，写真，ハザードマップなどの防災情報）からまとめよう。なぜそれが課題と言えるか，データを掲載しよう。	●		
	②　課題の要因についての考察，なぜそのような課題が生じるのかについて，説明しよう。		●	
	③　課題解決のための構想を考えよう。持続可能な解決方法，同じ		●	

		課題をもつ地域にも触れよう。 ・参考文献（著者（編者）『著作』「論文，資料等」出版社，発行年を記載する） ・一部の引用の場合は，p. ○○，pp. ○‐○，URL 等の出典は必ず掲載する。			
4		資料を集めてさらに深めよう。			
		○　自分たちが学習に使っている資料集は，どのような構成になっているか見てみよう。 ・わかりやすく，意欲的に学べるものにするために，どのような工夫があるだろうか？ ・学習に必要な問い，解説，まとめなどは，どのような文章が使われているだろうか？	● 技		
5 ・ 6 ・ 7		資料集を作成しよう。			
		○　学校図書館，コンピューター室，授業教室での iPad 使用などを通して，資料集を作成しよう。 ・代表生徒には，冊子の表紙，地域別の扉ページを作成してもらう。	●		
8 単元のまとめ		地域の在り方の調査結果について，お互いに発表し合い，学習を深めよう。			
		①　地域の課題の考察をしよう。　(1)課題　(2)背景・要因 ②　課題解決の構想をしよう。 ③　他者の発表を聞いてわかったこと，深まったことは何か？	● ●		●

【単元のまとめ】
※生徒個々の作業のため，手法について紹介する。
・生徒全員の成果物を一冊の冊子にした。さいたま市（各区），川口市，戸田市，蕨市の順に掲載し，資料集とした。それを家庭に持ち帰り，生徒が説明したり，保護者から意見をもらったりしながら学習を深めた。　　　　　　　　　　　　　○　○　○
・地域の学習を踏まえて，持続可能な社会の在り方について考えを共有させた。

▍授業展開例（探究場面）

　本単元では，生徒に地域の課題を把握させるまでの手立てが重要です。さらに，生徒が日常生活で実際に体験している課題の原因を考察させ，その解決策を構想させることが大切です。学校の実態に合わせ，学校図書館と連携したり，コンピューター室において GIS（地理情報システム）を使用したりすることにより，地図や統計を入手しましょう。

> どのような資料を使えば，効果的に地域の課題や解決策を説明できるだろうか？

> 自分が設定した課題が地域の人々にとっても意味のあるものになっているかな？

コンピューター室での学習　　　　　　　学校図書館での学習

　本単元で使用したい GIS は，次の通りです。
・地理院地図／GSI Maps｜国土地理院 https://maps.gsi.go.jp/
・時系列地形図閲覧サイト「今昔マップ on the web」埼玉大学教育学部　谷　謙二先生（人文地理学研究室）http://ktgis.net/kjmapw/
・内閣官房まち・ひと・しごと創生本部事務局及び経済産業省「地域経済分析システム（RESAS）」
・総務省統計局「政府統計の総合窓口（e-Stat）」
　　　　　　※授業協力　鯨井　みほ先生（埼玉大学教育学部附属中学校図書館司書）

▍評価の具体例

【思考・判断・表現】

　本単元の評価は，2時に次のようなパフォーマンス課題を示すことによって，生徒自身が学びを自己調整して取り組めるように工夫しました。生徒自身が地域の課題を見いだし，それを解決するという文脈の中で行われるパフォーマンスは，生徒にとって真正の学びとなると考えました。

パフォーマンス課題（具体的な事例を設定して構成された学習課題）による評価とルーブリック（評価段階）

段階	パフォーマンス課題　附属中学区の地域的特色について説明する資料集を作成しよう！		
	具体的な姿	活用している知識	思考力，判断力・表現力等
A	過去から現在までの地域的特色を踏まえ，将来的な地域の変容の予測や市民としての役割にも言及して附属中学区の資料を作成している。	埼玉大学教育学部附属中学校学区の特色ある地理的事象を取り上げ，その原因や背景とともに，地域市民としての今後の役割に言及した資料集記述。	より適切なテーマ，グラフ，統計，地図などを使用し，持続可能な社会の形成の観点から，資料を作成することができる。
B	附属中学区の特色について，中核となる地域の事象を設定し，それに複数の地理的要素を関連付けて資料を作成している。	埼玉大学教育学部附属中学校学区の特色ある地理的事象を生活経験をも結び付けて取り上げ，その原因や背景を説明した資料集記述。	埼玉大学教育学部附属中学校学区の将来像や課題について取り上げ，目指すべき市民を育てることができる資料集としての機能をもっている。
C	附属中学区の特色について，複数の地理的視点を網羅的に踏まえた資料を作成している。	市民としての地域に関する知識を，埼玉大学教育学部附属中学校学区の地域的特色として考察の視点（自然環境，人口，産業，交通）を踏まえた資料集記述。	埼玉大学教育学部附属中学校学区の特色ある地理的事象を選択し，そのような様子が見られるのはなぜか，という問いに答えることができている。

未提出，不十分なものは評価できません。また，資料集に掲載できません。

　このような評価規準に基づいて作成された生徒の資料を次に示します。

　この資料では，生徒が住む川口市の課題を，生徒の生活体験や諸資料を根拠に見いだしたものであり，外国人移住者の増加推移や，よりよい関係を築くための方法を取り上げています。また，地域の在り方や今後の予測にまで踏み込んだ記述が見られます。生徒の資料をパフォーマンス課題と照合することによって，生徒の資質・能力の高まりが見られた箇所が明らかとなります。そして，生徒は，「地域」という視点から「見方・考え方」を働かせていることがわかります。

「なぜ，外国人移住者が増えたのか？」という問いを解決するためには，川口市がどのような地域なのか，という視点から探究する必要がある。

生徒が作成した資料集の例「外国人移住者が増えている川口市の課題と未来」

【主体的に学習に取り組む態度】

　観点については，作成時の様子や，作成された資料集を，以下の観点で読み取ることで評価しました。

・資料集を地域の人々に読んでもらうために，どのような工夫をしたかを明確に示すことができている。

・地域の課題の解決策について，自ら実現可能なものを構想し，行動に移すことができるものを提示している。

〈参考文献〉
・豊嶌啓司・柴田康弘「社会科パフォーマンス課題における真正性の類型化と段階性の実践的検証」日本社会科教育学会『社会科教育研究』No.135，2018年，pp.14-26
・柴田康弘「地域の在り方 市民的挑戦としてのパフォーマンスを！―"ファンタジー"克服を目指す真正な学習課題―」明治図書『社会科教育』No.705，2018年1月号，pp.62-65

歴史の捉え方と調べ方を身に付けよう

単元計画のポイント

　本単元は，歴史的分野の導入として，歴史の学習に必要な「知識・技能」を身に付けることが求められています。新学習指導要領には，生徒が過去を継承しつつ，現在に生きる自身の視点から歴史に問いかけることが示されています。

　本単元を構成する(1) 私たちと歴史・(2) 身近な地域の歴史はそれぞれ異なった内容となっているため，それぞれで中項目としての単元を構成することが本来の姿です。本書においては第１章で示した授業時数にしたがって，２つの単元を合わせて９時間としたため，(1)を１次，(2)を２次として単元計画を作成しました。

　本単元をより充実したいと考える場合はこれ以降の単元の授業時数を調整する必要があります。本単元の学習を終えて，歴史的分野の今後の学習を充実することにつなげるために，歴史への関心が高まるように指導をすることが大切です。

単元の構成　○…「評定に用いる評価」，●…「学習改善につなげる評価」

時	主な発問	評価の観点		
		知	思	態
単元の導入 １時間	①　小学校で，どのような歴史の学習をしてきたかを出し合おう。			●
	②　なぜ，歴史を学ぶのだろうか？について個人で考え，グループで話し合い，発表しよう。	●		
	単元を貫く発問 歴史の捉え方と調べ方を身に付けよう。			
	③　教科書や資料集，これまでの学習や小学校の学習を踏まえて，単元を貫く学習問題に対して初めの考えをノートに記入しよう。		●	

【1次】(1) 私たちと歴史（3時間）

1	**1次を貫く発問** なぜ，我が国では様々な時代の表し方を用いるのだろう？

	様々な時代や年代の表し方を知ろう。		
	① 今日の日付をいろいろな方法で表してみよう。	●	
	② 西暦，元号（年号）などの考え方はどのようなものか調べよう。 　他国にはどのような暦があるか調べよう（イスラム暦など）。	●	
	③ 世紀とはどのような考え方なのだろうか？ 　次の西暦は何世紀なのだろうか？ 　(1) 57年　　倭の奴国王が漢に使いを送る 　(2) 593年　聖徳太子が摂政となる 　(3) 1600年　関ヶ原の戦い	●	
	④ なぜ，日本は西暦と元号を使い続けているのだろうか？		●

2 ・ 3	様々な時代の表し方や，時代区分を調べよう。		
	① 時代区分を図や年表にまとめよう。	●	●
	② 図にまとめた時代区分から疑問に思うことはどのようなことだろうか？ （例）縄文と弥生はどのように区別しているのだろうか？ 　　　鎌倉時代はいつから始まったのだろうか？ 　　　中世の中には，南北朝時代や室町時代のように入り組んだところがあるのはなぜだろうか？ 　　　将来，今を「何時代」と呼んでいるのだろうか？		
	③ 時代を区分することには，どのような意味や意義があるのだろうか？　歴史を大きく変えた人物を挙げて説明しよう。	●	

【1次のまとめ】 　私たちは，世紀，西暦，元号などを用い，様々な場面で日付や時代の表し方を使い分けている。また，時代の転換期には歴史を大きく変えた人物や出来事があり，時代を区分することは世の中の特徴の推移や変化を示すことになる。	○	●	●

【2次】 (2) 身近な地域の歴史（4時間）

1	**2次を貫く発問** 学校周辺の地域には，どのような歴史的な特徴があるのだろうか？			
	地域に残る文化財や地域の発展に尽くした人物の業績を調べよう。			
	・学校図書館，博物館，郷土資料館などと連携する。 ① 私たちが住んでいる地域には，どのような文化財があるのだろうか？ ② 私たちが住んでいる地域の発展に尽くした人々がいるのだろうか？ ③ 文化財があった時代，調べた人物がいた時代はどのような特色があるのだろうか？	● ●	●
2 ・ 3	調べたことを地図や年表にまとめよう。			
	① 調べたことを比較したり，関連付けたりしてみよう。 ② 調べたことの時代的な背景や地域的な環境を調べてみよう。 ③ 調べたことと私たちとのつながりに着目してみよう。	● ●	●
4	調べたことを発表しよう。			
	① 4人班で調べたことを共有しよう。 ② 班の代表者による発表を聞こう。 ③ ゲストティーチャー（博物館，郷土資料館の方などが望ましい）からの講評を聞こう。	● ●	●
【2次のまとめ】 　私たちが住んでいる身近な地域には，現在も国道17号として使われている中山道が残されている。江戸時代に整備されたものであり，江戸から京都を結ぶものであり，周辺には現在にも残る宿場町が栄えていたことがわかった。	○	○	●
単元のまとめ 1時間	**単元を貫く発問** 歴史の捉え方と調べ方を身に付けよう。			
	○ 単元を貫く学習問題の解を書こう。 ○ 単元の学習を振り返り，これからの歴史学習に大切になると思うキーワードを挙げて，その理由を説明しよう。		○	●

【単元のまとめ】
　歴史を捉えることは，現在に生きる私たちが過去を知り継承するだけでなく，これからの時代の在り方を考えることであると考えた。歴史の調べ方には文化財，人物，史料などを調査することに加え，それらを比較したり，関連付けたりすることで明らかにする方法もある。

授業展開例（2次）

　身近な地域の歴史を調べるためには，地理的分野との連携を図り，現在の地図と過去の地図とを比較する学習が有効です。ICT の環境整備などが十分であれば，時系列地形図閲覧サイト「今昔マップ on the web」（埼玉大学教育学部　谷　謙二先生（人文地理学研究室））を活用し，学校周辺の様子の新旧比較などを行うことができます。ICT がない環境でも，プリントアウトした資料に基づいて考察することで，身近な地域の歴史の特色を考察することができます。

　また，「社会に開かれた教育課程」の観点から，博物館，郷土資料館などの地域の施設の活用や地域の人々の協力も検討してみるとよいでしょう。中学校においては，生徒を博物館や郷土資料館に引率するのは難しい場合が多いと思いますが，史・資料を借用したり，司書の方々に授業づくりへの協力を依頼し，必要な場面において解説をお願いしたりするなどの活用が考えられます。歴史の特色を明らかにするためには，広く社会と関わる必要があるということに気付かせることも本単元における重要な学習内容となると考えます。

評価の留意点

　本単元では，参考資料の評価規準例に，「主体的に学習に取り組む態度」に関して，「自らが生活する地域や受け継がれてきた伝統や文化への関心をもって」という文言が冒頭に記載されています。また，時間数の少ない単元であるため，本書では，学習改善につなげる評価を行い，次の単元の学習以降で評定に用いる評価を行うこととしました。

古代はどのように中世へとつながった？

単元計画のポイント

　本単元は，人類のおこりや文明の発生から12世紀ごろまでの歴史を扱います。歴史的分野の
すべての単元に共通することですが，古代までの特色を，世界の動きとの関連を踏まえて捉え
られるようにすることが大切です。新学習指導要領では，ア「知識及び技能」に関して㋐〜㋔
の事項によって構成されていますが，本書においてはこの４つの事項に基づいて，１次〜４次
の単元を構成しました。歴史的分野においては，単元を貫く発問として，「あなたは，○○
（学習する時代）社会の基礎はどのように築かれ，どのように変容し，△△（次の時代）へと
つながったと考えるか？」を一貫して設定することとしました。これは，参考資料に基づいた
ものですが，時代を大観し，現代社会の諸問題の解決につなげる本質的な問いとなる発問です。
より本質的な問いにするためには，「なぜ，経済格差は生まれるのか？」を，古代史を通して
考えさせるなどの学習も考えられます。本書においては，新学習指導要領の主旨に基づいた本
質的な問いを設定しましたが，生徒の実態に応じて発問を考えていくことが大切です。

単元の構成　　○…「評定に用いる評価」，●…「学習改善につなげる評価」

時	主な発問	評価の観点		
		知	思	態
単元の導入　１時間	**単元を貫く発問** あなたは，古代社会の基礎はどのように築かれ，どのように変容し，中世へとつながったと考えるか？			
	・４人班で小学校の学習を踏まえて考察し，古代の学習の見通しを立ててワークシートに記入する。 ・単元を貫く学習課題を解決するために，役立つ既習事項や解決方法について話し合い，ワークシートに記入する。			●

【1次】世界の古代文明や宗教のおこり（6時間）

1	**1次を貫く発問** 世界各地で築かれた文明は，どのようにして誕生したのだろうか？			
	人類はどのように出現してきたのだろうか？			
	① ヒトとサルはどのような点が異なっているのだろうか？	●		
	② なぜ旧石器時代の日本に，人類がいたことがわかったのか？		●	
	③ 人類と石器のつながりについて考えよう。		●	
	(1) なぜ，打製石器よりも磨製石器の方が進歩していると言われるのだろうか？			
	(2) なぜ，石器を進歩させる必要があったのだろうか？ 環境の変化から考えよう。			
2 ・ 3 ・ 4	古代文明はどのような場所や環境で成立したのだろうか？			
	① 地図を見て，どのような文明があるのか調べよう。	●		
	② 各文明に関係する川の名前を地図に記入しよう。	●		
	③ 文明はどのような地域で生まれたと言えるのだろうか？		●	
	④ メソポタミア文明について調べよう。	●		
	⑤ ハンムラビ法典に書かれている意味を解釈しよう。		●	
	※「目には目を歯には歯を」とは，目に被害を受けた場合の裁判基準であるという解釈と，過度な報復を避けるための，目をやられた場合でも目までの賠償に制限するという解釈がある。			
	⑥ エジプト文明について調べよう。	●		
	⑦ 「エジプトはナイルの賜物」とはどういうことなのだろうか？	●		
	⑧ ピラミッド建設に関わった人々は，どのような気持ちだったのだろうか？		●	
	※ピラミッド奴隷説とピラミッド公共事業説について考える。			
	⑨ インダス文明・仏教のおこりと広まりについて調べよう。	●		
	⑩ 中国の古代文明について調べよう。	●		
	⑪ 始皇帝は，どのように中国を統一したのだろうか？	●		
	⑫ シルクロードによって漢はどのように交易したのだろうか？		●	
5	ギリシャ・ローマの文明は，どのような点が現代とつながっているのだろうか？			

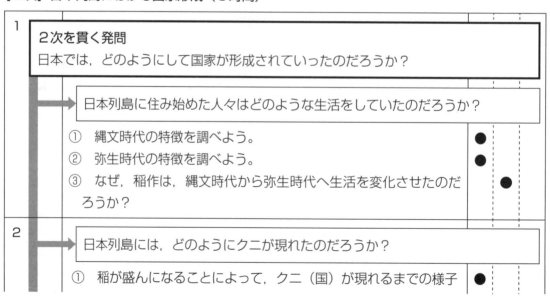

		●		
	① ギリシャ・ローマの文明について調べよう。	●		
	② ギリシャ・ローマ帝国の支配の仕方から，現代の（民主）政治と共通する点，異なっている点について考えよう。		●	
6	宗教は，どのような場所や環境で成立したのだろうか？ ～仏教，キリスト教，イスラム教を例に～			
	① 釈迦（シャカ）が生まれた場所，イエスが生まれた場所，ムハンマドが生まれた場所を地図上に記入しよう。	●		
	② 地図を以下のように色分けしよう。 ⑴ 仏教を信仰したアショーカ王の範囲（紀元前3世紀）青 ⑵ ローマ帝国の範囲（4世紀）赤 ⑶ イスラム教を信仰した王朝の範囲（8世紀）緑	●		
	③ 仏教，キリスト教，イスラム教について調べよう。	●		
	④ キリスト教・イスラム教が生まれた過程を例に，国家の発展と宗教の関係について，自分の考えをまとめよう。		●	
	【1次のまとめ】 　世界各地の文明は，大きな川の近くで誕生している。それらは，文字や暦，都市や巨大建造物，身分の分化など共通する特徴がある。そして，農耕の発達に合わせて，生産技術が発展している。また，文明と関連して，宗教が成立している。	○	○	●

【2次】日本列島における国家形成（3時間）

1	**2次を貫く発問** 日本では，どのようにして国家が形成されていったのだろうか？			
	日本列島に住み始めた人々はどのような生活をしていたのだろうか？			
	① 縄文時代の特徴を調べよう。	●		
	② 弥生時代の特徴を調べよう。	●		
	③ なぜ，稲作は，縄文時代から弥生時代へ生活を変化させたのだろうか？			●
2	日本列島には，どのようにクニが現れたのだろうか？			
	① 稲が盛んになることによって，クニ（国）が現れるまでの様子	●		

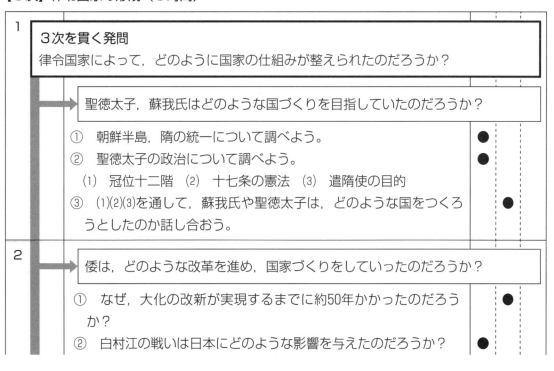

を説明しよう。		
② 魏志倭人伝を読んで，3世紀の日本の様子をまとめよう。	●	
③ 本州が弥生時代になったころ，北海道と沖縄ではどのような生活をしていたのだろうか？	●	

3

大和朝廷はどのように勢力を広げ，中国や朝鮮半島と交流していたのだろうか？		
① 日本と東アジアの国々との関係を図にしよう。	●	
② 前方後円墳が見られる範囲，鉄の延べ板の主な出土地を調べ，このことからわかることについて考えよう。		●
③ 倭王武が宋の皇帝に出した手紙（478年）を読んで，なぜ大和朝廷は，中国と交流したのか考えよう。		●

【2次のまとめ】			
日本の自然環境の中における生活は，農耕の広まりとともに変化していった。大和朝廷は，九州から東北地方南部までを統一したと考えられている。このことは，前方後円墳の分布や朝鮮半島からもたらされた鉄の延べ板の出土地など，考古学の成果から明らかにされたものである。	○	○	●

【3次】律令国家の形成（5時間）

1

3次を貫く発問 律令国家によって，どのように国家の仕組みが整えられたのだろうか？		
聖徳太子，蘇我氏はどのような国づくりを目指していたのだろうか？		
① 朝鮮半島，隋の統一について調べよう。	●	
② 聖徳太子の政治について調べよう。	●	
(1) 冠位十二階　(2) 十七条の憲法　(3) 遣隋使の目的		
③ (1)(2)(3)を通して，蘇我氏や聖徳太子は，どのような国をつくろうとしたのか話し合おう。		●

2

倭は，どのような改革を進め，国家づくりをしていったのだろうか？		
① なぜ，大化の改新が実現するまでに約50年かかったのだろうか？		●
② 白村江の戦いは日本にどのような影響を与えたのだろうか？	●	

③ 大宝律令によってつくられた国家の仕組みはどのようなものだったのだろうか？	●	

3

なぜ，奈良時代には奴婢になりたいと言った人がいたのだろうか？

① 奈良時代の仕組みについて調べよう。	●	
② 次の３つの資料から，本時の課題の解を考えよう。		●
(1) ある村の男女別人口構成		
(2) 山上憶良「貧窮問答歌」		
(3) 税の種類と内容		
③ なぜ，三世一身法，墾田永年私財法が出されたのだろうか？		●

4

なぜ，平安京に都を移したのだろうか？

① 桓武天皇はどのようにして平安京に都を移したのだろうか？	●	
② なぜ，桓武天皇は支配の仕組みを変えたのだろうか？		●
③ 新しい仏教はどのような影響を与えたのだろうか。	●	

5

藤原氏はどのようにして権力を握ったのだろうか？

① なぜ，菅原道真は遣唐使の派遣を停止したのだろうか？		●
② なぜ，藤原氏は勢力を伸ばせたか，系図を利用して説明しよう。	●	●
③ なぜ，地方の政治が乱れ始めたのだろうか？		●

【３次のまとめ】

　日本は，東アジアの文物や制度を積極的に取り入れながら国家の仕組みが整えられ，その後，天皇や貴族による政治が展開された。特に，中国の律令という法律の影響を強く受け，中央集権国家として全国を統一する仕組みが整えられた。 ○ ○ ●

【4次】古代の文化と東アジアとの関わり（3時間）

1

4次を貫く発問
東アジアとの関わりによって，古代の文化はどのように発展したのだろうか？

なぜ，天平文化は仏教の影響が強いのだろうか？

① 飛鳥文化について調べよう。	●	
② なぜ，法隆寺の仏像は中国，朝鮮の仏像と似ているのだろう		●

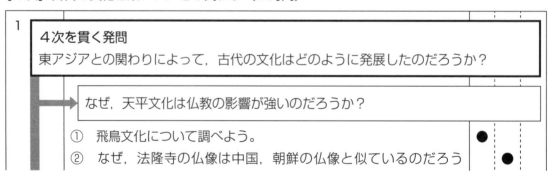

	か？		
	③ 天平文化について調べよう。	●	
	④ なぜ，正倉院にはペルシャのガラス製容器があるのだろうか？		●
2・3	国風文化とは，どのような文化のことを言うのだろうか？		
	① 平安時代の文化について調べよう。	●	
	② 仮名文字はどのようにして成立したのだろうか？	●	
	③ なぜ，浄土信仰が広まったのだろうか？		●

【4次のまとめ】
　古代の文化は，東アジア情勢の変化，シルクロードによってもたらされた。特に仏教の影響を強く受けている。それらを基礎としながら，日本の貴族の生活や習慣に合わせようという工夫がなされ，これを国風文化と呼んでいる。　○　○　●

単元のまとめ	単元を貫く発問
	あなたは，古代社会の基礎はどのように築かれ，どのように変容し，中世へとつながったと考えるか？

1時間	・古代社会の変化について自分の考えをまとめる。	○	
	・古代社会の変化の学習を振り返り，次の時代に大切になると思うキーワードを挙げて，その理由を説明する。		○

【単元のまとめ】
　日本の古代社会の基礎は，アジアを中心とした世界との関わりの中で築かれた。政治の仕組みや文化など，中国の政治制度の影響によって変容したと言える。特に仏教の影響は，政治や文化など様々な広がりを見せ，このことが中世においてもつながっている。

評価の具体例

　3次の3時において，「なぜ，奈良時代には奴婢になりたいと言った人がいたのだろうか？」という発問に対して，3つの資料を使って理由を考える授業を行いました。指導と評価を一体化させる評価問題として，次のような問題に取り組ませることによって，評定に用いる評価を行いました。

問1　Aさんは，奈良時代の人々の暮らしを調べるために，次の資料1～4を集めました。これを見て，(1)，(2)に答えなさい。

資料1　奈良時代の農民の暮らし

　当時の人々は，あたえられた土地の面積に応じて租を負担したり，布や特産物をおさめたり，兵役や労役を行った。おさめられたものは，ききんにそなえてたくわえられたり，役人の給与などにあてられたりした。

資料2　奈良時代のある村の戸籍

年齢（歳）	男性	女性
81歳以上	8人	49人
61～80歳	7人	114人
41～60歳	10人	107人
21～40歳	12人	37人

資料3　奈良時代の税のしくみ

田地にかかる税	戸籍に基づき6歳以上の男女に土地を割り当てる　男子：2段（約2,380m²）／女子：男子の3分の2　奴婢：良民の男女のそれぞれ3分の1		
	租	稲（収穫量の約3パーセント）	
十七歳以上の男子にかかる税（貴族は免除）	調	特産物	17～65歳　絹・糸・布など
	庸		21～65歳　麻布
	雑徭	地方での労役	
	兵役	食料・武器を自分で負担し，訓練を受ける。　防人：九州北部の兵役（3年間）	
	出挙	稲（50パーセントの利息）	

資料4　山上憶良「貧窮問答歌」

　人並みに耕作しているのに，ボロを肩にかけ，かしいだ家の中で，地べたにわらを敷き，父母は私の枕元に，妻子は足元にいて，悲しんでいる。

　米を蒸すこしきに蜘蛛の巣がかかり，長い間ご飯を炊いていない。そこにむちを持った里長がやってきて，（租税を取り立てようと）よびたてている。これほどまでにどうしようもないものなのか，この世に生きるということは。

(1)　Aさんは，戸籍がつくられた理由を，**資料１**を参考に次のように説明しました。次のAさんの説明中の ｜　　　　　　あ　　　　　　｜ に当てはまる言葉を書きなさい。

> 戸籍は，６年ごとにつくられ，人々を登録するものです。資料１からもわかるように，戸籍をつくると，誰が何歳かわかり，税を納める人がはっきりします。つまり，戸籍をつくった理由は，
> ｜　　　あ　　　｜ 。

【解答例】　土地とそこに暮らす人々を特定することによって，安定した（確実に）税を取ることができるようにするためです。

(2)　Aさんは，奈良時代の生活について発表したところ，クラスの生徒から，「なぜ，**資料２**のように戸籍には女性が多いのですか？」という質問を受け，次のように回答しました。次のAさんの回答中の ｜　　　　い　　　　｜ に当てはまる言葉を，**資料３・資料４**から書きなさい。

> 資料２で女性が多く登録されていたのは，農民たちが戸籍を偽ったからだと考えられています。女性ばかりの戸籍をつくった理由は，｜　　　い　　　｜ 。

【解答例】　男子の方が税の負担が重く，役人の取り立ても厳しかったからです。
　　　　　　　　資料３　より　　　　　　　　　資料４より

中世はどのように近世へとつながった？

単元計画のポイント

　本単元は，12世紀ごろから16世紀ごろまでの歴史を扱います。政治・外交面，世界との動きとの関連，社会・文化面を中心とする3次からなる単元構成としました。

　日本では，武士が台頭して武家政権が成立し，その支配が次第に全国に広まるとともに，東アジアにおいても大きな変化が見られ，それが日本の政治や社会，文化などにも影響を与えています。また，農業など諸産業が発達し都市や農村に自治的な仕組みが成立したり，民衆の成長を背景とした社会が生まれたりしたことを踏まえた単元構成がポイントとなります。

　単元の導入では，小学校で学習した内容として，中世が武士による時代であること，平清盛，源頼朝，北条時宗，足利義満，足利義政などが活躍した時代であることを思い出させ，貴族による政治との違いなどを考えさせる学習が考えられます。単元のまとめにおいて鎌倉時代，南北朝時代，室町時代など，個別の時代の特色についての記述を集めて時代の特色をまとめるのではなく，「中世」という枠組みで大きく時代を捉えることができるようにするために，導入の段階から学習の到達点を意識付けることが単元計画の最も大切なポイントとなるでしょう。

単元の構成　　○…「評定に用いる評価」，●…「学習改善につなげる評価」

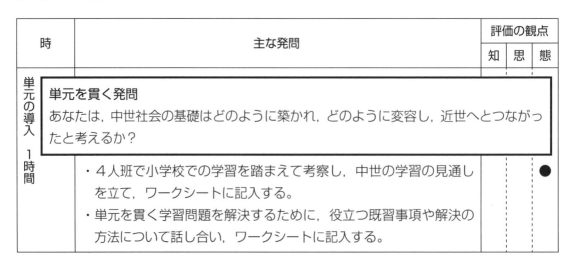

時	主な発問	評価の観点		
		知	思	態
単元の導入 1時間	**単元を貫く発問** あなたは，中世社会の基礎はどのように築かれ，どのように変容し，近世へとつながったと考えるか？			
	・4人班で小学校での学習を踏まえて考察し，中世の学習の見通しを立て，ワークシートに記入する。 ・単元を貫く学習問題を解決するために，役立つ既習事項や解決の方法について話し合い，ワークシートに記入する。			●

【1次】武家政治の成立とユーラシアの交流（5時間）

1	**1次を貫く発問** なぜ，武士が政権を立て，影響力を及ぼすようになったのだろうか？			
	武士はどのようにして現れ，成長したのだろうか？			
	① なぜ，9〜10世紀に荘園などをめぐる各地での争いや，蝦夷などの抵抗があったのだろうか？		●	
	② 武士はどのような役割を担っていたのだろうか？	●		
	③ 源氏と平氏はどのようにして成長したのだろうか？	●		
2	武士はどのようにして実権を握ったのだろうか？			
	① 保元・平治の乱において，武士はどのような役割を担ったのだろうか？	●		
	② 平清盛はどのようにして実権を握ったのだろうか？	●		
	③ なぜ，平氏は滅亡したのだろうか？		●	
3	鎌倉を中心とした武士の政権はどのような特色をもっていたのだろうか？			
	① 鎌倉幕府はどのようにして成立したのだろうか？	●		
	② なぜ，承久の乱が起きたのだろうか？		●	
	③ 承久の乱の前後で，幕府にはどのような変化があったのだろうか？	●		
4・5	元寇はどのような影響を及ぼしたのだろうか？			
	① モンゴル帝国の拡大によってどのような影響があったのだろうか？		●	
	② モンゴルの襲来に対して，日本はどのように対応したのだろうか？	●		
	【1次のまとめ】 　武士は，天皇や貴族の警護などから台頭し，主従の結び付きや武力を背景に武家政権が成立し，その支配が広まった。モンゴル帝国の拡大によるユーラシアの変化の中で元寇が起き，鎌倉幕府は北条氏に権力を集中させるようになった。	○	○	●

【2次】武家政治の展開と東アジアの動き（4時間）

1	**2次を貫く発問** なぜ，武士が政権を立て，影響力を及ぼすようになったのだろうか？			
	元寇の後，社会はどのように変化したのだろうか？			
	① なぜ，鎌倉幕府への不満が高まっていったのだろうか？			●
	② 後醍醐天皇はどのようにして鎌倉幕府を滅亡させたのだろうか？	●		
	③ なぜ，建武の新政は失敗したのだろうか？			●
2	室町幕府はどのように成立し，支配を確立したのだろうか？			
	① 足利尊氏は，どのようにして南北朝を統一したのだろうか？	●		
	② 室町幕府はどのような仕組みなのだろうか？	●		
	③ 足利義満はどのようにして，対立する勢力を押さえたのだろうか？			●
3・4	日本はどのように東アジアの国々と交流していたのだろうか？			
	① なぜ，日明貿易を行う際に，勘合を用いる必要があったのだろうか？			●
	② 朝鮮との貿易はどのように行われたのだろうか？	●		
	③ 琉球王国，アイヌ民族との交易はどのように行われたのだろうか？	●		
	【2次のまとめ】 　南北朝の動乱の中で室町幕府が成立し，武家社会が次第に大きな力をもっていくようになった。また，東アジアでは，明が中国を統一するなどの変化があり，日明貿易，日本の政治や社会に影響を与えた。また，琉球王国が成立し，東アジア，東南アジア諸国との中継貿易に従事した。	○	○	●

【3次】民衆の成長と新たな文化の形成（3時間）

1	**3次を貫く発問** 民衆の成長を背景にどのように社会や文化は変化したのだろうか？			
	なぜ，室町時代に再び貨幣による経済が成り立ったのだろうか？			
	① なぜ，室町時代に農業の改良が行われたのだろうか？			●
	② 商業が発展して，社会はどのように変化したのだろうか？	●		
	③ 幕府が関所をつくったり，金融業者に規制や保護を加えたりした理由は何だろうか？			●
	④ 有力な農民は，どのように社会を変化させたのだろうか？	●		
2	応仁の乱によって，社会はどのように変化したのだろうか？			
	① なぜ，応仁の乱が起きたのだろうか？			●
	② 戦国大名は，どのようにして登場したのだろうか？	●		
	③ 戦国大名は，どのようにして各地を支配したのだろうか？	●		
3	中世の文化はどのような特徴をもっているのだろうか？			
	① 鎌倉文化には，どのような特徴があるのだろうか。⑴一遍聖絵，法然上人絵伝 ⑵東大寺南大門 ⑶平家物語などを中心に調べよう。	●		
	② 室町文化には，どのような特徴があるのだろうか。⑴雪舟の水墨画 ⑵金閣，銀閣 ⑶御伽草子などを中心に調べよう。	●		
	③ なぜ，中世の文化には現代につながるものが多いのだろうか？		●	
【3次のまとめ】　技術面の進歩によって農業や手工業が著しく発達し，それに伴って商品流通が活発化した。また，各地に戦乱が広まる中で，地方の武士の力が強くなり，新しい支配者である戦国武将が登場し，下剋上の風潮となった。また，民衆の成長を背景とする中世の文化には現在に結び付くものが多い。		○	○	●
単元のまとめ	**単元を貫く発問** あなたは，中世社会の基礎はどのように築かれ，どのように変容し，近世へとつながったと考えるか？			
	・中世社会の変化について自分の考えをまとめる。			○

1時間	・中世社会の変化の学習を振り返り，次の時代に大切になると思うキーワードを挙げて，その理由を説明する。	○

【単元のまとめ】

　中世社会の基礎は，武士によって築かれたと考える。しかし，国内で動乱や地方武士の台頭，国外では元寇や明の統一などの影響を受け，武家社会は変容していった。そして，戦国大名が自らの領地を支配して分国法を定めたり，城下町を形成して産業の振興に努めたりした点などが，近世につながったと考える。

▍授業展開例（3次／3時）

　3次の3時では主発問を，「中世の文化はどのような特徴をもっているのだろうか？」と設定しました。新学習指導要領解説には，「武家政治の特徴を捉える学習の際には，室町幕府と鎌倉幕府の比較などの個別の時期の特徴について学習するよりも，「中世」という枠組みで，大きく時代を捉えて特徴を理解できるようにすることが大切である」とされていますが，文化の特徴についても同様に捉えました。しかし，文化はその文化財ができた時代があるため，授業では鎌倉文化，室町文化のそれぞれの特徴を捉えるようにしていますが，授業のねらいは「中世」の文化の特徴を捉えることにあることに留意しています。

① 鎌倉文化の特徴を捉える対話の場面

S1　一遍聖絵を見ると，一遍は，念仏を広めるためにお札を配っていたようだね。

S2　描かれているのは，僧だけではないようだね。

S3　踊っているのは，一般の人々なんだろうね。

S4　そうだね。法然上人絵伝を見ても，民衆が描かれているね。厳しい修行というよりも，楽しそうにも見えるからこうやって仏教が広まったのかもしれないね。

② 室町文化の特徴を捉える対話の場面

S1　金閣は，寝殿造と禅宗様を合わせた建築物になっているみたいだね。

S2　書院造って，まさにイメージ通りの日本家屋って感じだね。

S3　水墨画が飾られているのも，よくテレビで見る風景だね。水墨画を残した雪舟は禅宗の僧だったようで，明で学んだみたいだね。

S4　ということは，日本家屋は禅宗の影響を受けているということだね。

③　中世の文化には，現代につながるものが多い理由を考える対話の場面

Ｓ１　室町時代の文化の中には，盆踊りの原型もあるようだね。

Ｓ２　衣服は，麻だけでなくて木綿も使われているんだね。現代と変わらないね。

Ｓ３　うどんや麺食もあったみたいだし，室町時代の人も好きだったみたいだね。

Ｓ４　畳の部屋もこのころから始まったようだね。

Ｓ１　現代につながる理由は，誰でもできるという点があると思うな。

Ｓ２　わかりやすい，というのもあると思う。御伽草子なんかは特にそうだと思う。

Ｓ３　あとは，古代の文化と比べて質素でお金をかけていない点もあると思うよ。

Ｓ４　そして，鎌倉文化にもあったように，禅宗の広まりも関係があると思う。

▌ 評価の具体例

　本時の評価は，話合いを経て，中世の文化が現代につながるものが多い理由をまとめさせたもので行いました。中世を大観するための学習に向けて，学習改善につなげる評価としました。

【思考・判断・表現】

記述例：

　中世の文化に，現代につながるものが多い理由は，禅宗の影響が大きいと思います。鎌倉時代は，それまで貴族の影響が少ない地域で武家の文化が発展しましたが，室町時代になって中心が京都に移りました。そして，武家の文化と公家の文化が混じり合うことにつながりました。特に，室町幕府が禅宗を保護したことも大きな理由だと思います。

　禅宗は，座禅によって悟りを得るもので，心を落ち着かせることに適しているとされています。私たちの時代もそうですが，一部の人しか経験できないものは文化として広まりません。中世の文化も禅宗のように誰もができるものだったからこそ，人々の間に広まり，やがて現代につながるものになったのだと考えました。

近世はどのように近代へとつながった？

単元計画のポイント

　本単元は，16世紀から19世紀前半までの歴史を扱います。世界の動きを背景にした日本の統一事業，江戸幕府の成立，産業の発達と町人文化，幕府の政治の行き詰まり，の４次からなる単元を構成しました。

　日本では，織田・豊臣の統一事業や江戸幕府による政策によって長く安定した社会が生まれました。ヨーロッパ文化の伝来や東南アジア各地への日本人の渡航など対外関係が活発な時期から，外国との交易が限定されたいわゆる鎖国体制に移っていきます。その中で産業や交通が発達し，町人文化や各地方の生活文化が形成される一方，社会の変動を背景に幕府の政治は行き詰まりました。

　単元の導入では，小学校で学習した内容として，ザビエル，織田信長，豊臣秀吉，徳川家康などが活躍した時代であることを思い出させ，彼らはどのように世の中を変えたのかを考えさせる学習が考えられます。特に，鉄砲とキリスト教の影響に気付かせることが大切です。

単元の構成　○…「評定に用いる評価」，●…「学習改善につなげる評価」

時	主な発問	評価の観点		
		知	思	態
単元の導入　1時間	**単元を貫く発問** あなたは，近世社会の基礎はどのように築かれ，どのように変容し，近代へとつながったと考えるか？			
	・4人班で小学校での学習などを踏まえて考察し，近世の学習の見通しを立て，ワークシートに記入する。 ・単元を貫く学習問題を解決するために，役立つ既習事項や解決の方法について話し合い，ワークシートに記入する。			●

【1次】世界の動きと統一事業（7時間）

1 ・ 2	**1次を貫く発問** なぜ，鉄砲とキリスト教は日本に伝わったのだろうか？	
	鉄砲やキリスト教が伝わる背景として，世界ではどのような変化があったのだろうか？	
	① ヨーロッパとイスラム勢力の接触の結果についてまとめよう。	●
	② ルネサンスの三大発明はどのように活用されたか考えよう。 　　羅針盤─遠距離航海　火薬─鉄砲　活版印刷─聖書の普及	●
	③ カトリックの権威はどのようにして衰えたのか考えよう。 　※免罪符に対する批判から宗教改革が起こった。 　※天動説に変わって地動説が唱えられ，大航海時代につながった。	●
3	鉄砲やキリスト教が伝わるルートはどのようにできたのか？	
	① なぜ，ヨーロッパの人々は，アジアの香辛料を求めるために，航路を開いたのか？	●
	② 地図に，次の作業をしよう。 　(1) コロンブスの航路（赤），バスコ・ダ・ガマの航路（緑），マゼランの航路（青）を塗る。 　(2) 喜望峰，マゼラン海峡に印をする。 　(3) スペインとポルトガルの領土・植民地に色を塗る。	●
	③ 新航路が開拓された後の世界の様子をまとめよう。 　※なぜ，新航路，新大陸などと言われるのかについて考えよう。	●
4	鉄砲とキリスト教は，日本にどのような影響を与えたのだろうか？	
	① 鉄砲伝来により，戦国大名にどのような変化をもたらしたかまとめよう。	●
	② ザビエルが日本に来る前にどこで布教していたか調べよう。	●
	③ 日本でキリシタン大名になる者がいた理由を説明しよう。	●
5	織田信長と豊臣秀吉はどのようにして全国を統一したのか？	
	① 信長の経済政策の目的を，楽市令を読み取って考えよう。	●
	② 秀吉は朝廷から関白に任じられた後，どのような行動をしたの	●

		だろうか？		●
		③ 信長と秀吉の宗教への対応の違いを，貿易に着目してまとめよう。		●

6	秀吉は，どのような社会をつくったのだろうか？		
	① 太閤検地と刀狩りとは，どのような政策だったのだろうか？	●	
	② 秀吉の政策により，どのように兵農分離が進んだのだろうか？		●
	③ 秀吉の朝鮮侵略の影響は，どのようなものだったのだろうか？	●	

7	安土桃山時代の文化はどのような特色をもっていたのだろうか？		
	① なぜ，安土桃山時代の文化は，絢爛豪華と言われるのだろうか？		●
	② 南蛮文化にはどのような特色があるのだろうか？	●	
	③ 安土桃山時代の文化は，日本の社会にどのような影響を与えたのだろうか？		

【1次のまとめ】 科学技術の発展などにより，アジアにヨーロッパ諸国が進出することが可能になる中で，世界の交易が広がった。それを背景として日本に鉄砲とキリスト教がもたらされた。これらは，戦いの戦術を変えたり，人々に信仰が広まったりするなど大きな影響を与えた。	○	○	●

【2次】江戸幕府の成立と対外関係（6時間）

1・2	**2次を貫く発問** なぜ，江戸幕府は，長い間政治の権力を保つことができたのだろうか？		
	江戸幕府は，どのように全国を支配したのだろうか？		
	① 徳川家康はどのようにして江戸幕府を成立させたのだろうか？	●	
	② 大名の配置からどのようなことが読み取れるだろうか？	●	
	③ 江戸幕府はどのように大名・朝廷を統制したのだろうか？	●	

3	江戸幕府はどのように人々を支配したのだろうか？		
	① 江戸時代の身分制度とはどのような制度だったのだろうか？	●	
	② なぜ，人々は反乱を起こさなかったのだろうか？		●

③　差別された人たちはどのような生活をしていたのだろうか？	●

4	
なぜ，幕府は鎖国体制をとったのだろうか？	

①　徳川家康はどのような貿易を行っていたのだろうか？	●
②　なぜ，禁教する必要があったのだろうか？	●　●
③　なぜ，島原・天草一揆が起きたのだろうか？	●

5	
幕府の鎖国体制は，その後の日本にどのような影響を与えたのだろうか？	

①　江戸幕府はどのようなところと交易していたのだろうか？	●
②　次の国，場所との交易について分担して調べよう。	●
(1)　オランダ　(2)　中国　(3)　朝鮮	
③　鎖国と呼ばれた政策にはどのような面があったのだろうか？	●
※「鎖国」という言い方がふさわしいのか考えよう。	

6	
江戸幕府は，琉球王国，アイヌの人々とどのように交易していたのだろうか？	

①　琉球王国と薩摩藩の交易について調べよう。	●
②　蝦夷地と松前藩の交易について調べよう。	●
③　アイヌの人々は，どのような生活をしていたのだろうか？	●

| 【2次のまとめ】　江戸幕府によって幕府と藩によって全国を支配する仕組みが確立した。また，これにより都市や農村における生活が変化し，長く安定した社会がつくられた。しかし，その一方で身分の中で人々が生活する社会となった。対外関係では，活発な貿易があった一方，いわゆる鎖国体制へと移っていった。 | ○　○　● |

【3次】産業の発達と町人文化（4時間）

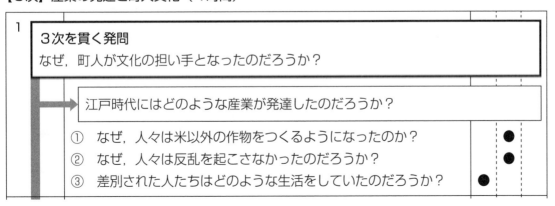

1	**3次を貫く発問** なぜ，町人が文化の担い手となったのだろうか？

江戸時代にはどのような産業が発達したのだろうか？	
①　なぜ，人々は米以外の作物をつくるようになったのか？	●
②　なぜ，人々は反乱を起こさなかったのだろうか？	●
③　差別された人たちはどのような生活をしていたのだろうか？	●

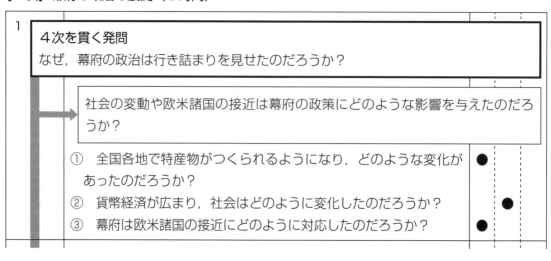

		●		
2	江戸時代の交通路の発達によってどのような影響があったのだろうか？			
	① 三都はどのように繁栄したのだろうか？	●		
	② 街道の整備によってどのような影響があったのだろうか？		●	
	③ 海運の発達によってどのような影響があったのだろうか？		●	
3	なぜ，元禄文化は大坂の商人たちの間で花開いたのだろうか？			
	① 江戸の地図と大坂の地図を比べてみよう。	●		
	② 大坂にはどのような人々が住んでいたのだろうか？	●		
	③ 元禄文化の特徴を調べよう。	●		
4	なぜ，化政文化は江戸の庶民たちの間で花開いたのだろうか？			
	① なぜ，江戸時代に学問や芸術，教育への関心が高まり，広がっていったのだろうか？		●	
	② なぜ，江戸の経済が発展したのだろうか？		●	
	③ 化政文化の特徴を調べよう。	●		
【3次のまとめ】 町人文化は都市を中心に形成された。また，生産技術の向上や，交通の整備等も行われ，日本文化が全国的に広がり，それを背景に各地方の生活文化も生まれた。特に貨幣経済が広まりを見せ，町人の力が強まり，文化の担い手となった。		○	○	●

【4次】幕府の政治の展開（8時間）

1	**4次を貫く発問** なぜ，幕府の政治は行き詰まりを見せたのだろうか？			
	社会の変動や欧米諸国の接近は幕府の政策にどのような影響を与えたのだろうか？			
	① 全国各地で特産物がつくられるようになり，どのような変化があったのだろうか？	●		
	② 貨幣経済が広まり，社会はどのように変化したのだろうか？		●	
	③ 幕府は欧米諸国の接近にどのように対応したのだろうか？	●		

2・3・4・5	なぜ，幕府の政治は改革が必要になったのだろうか？			
	① 徳川吉宗はどのような改革を行ったのだろうか？	●		
	② 吉宗は米の生産を重視したが，一方で，なぜ，貨幣経済が広まったのだろうか？		●	
	③ 田沼意次はどのような政治を行ったのだろうか？	●		
	④ 田沼によって貨幣経済が発達し，社会はどのように変化したのだろうか。身分制度の動揺，化政文化とのつながりを考察しよう。		●	
	⑤ 松平定信はどのような改革を行ったのだろうか？	●		
	⑥ なぜ，松平の改革は農業に重点を置いたのだろうか？		●	
	⑦ 田沼意次の政治と松平定信の政治のどちらを支持するか？		●	
6	新しい学問・思想はどのようにして人々に受け入れられたのだろうか？			
	① なぜ，国学や蘭学を学ぶ人が増えたのだろうか？		●	
	② 西洋の学問によって，どのような技術が発展したのだろうか？	●		
	③ 国学や蘭学は，新しい時代を切り開く動きにどのような影響を与えたのだろうか？		●	
7・8	幕府の政治はどのようにして行き詰まったのだろうか？			
	① 幕府は外国船の接近に対してどのような対応をしたのだろうか？→北方の調査や異国船打払令を扱う。	●		
	② なぜ，蘭学者の渡辺崋山，高野長英は幕府から処罰されたのだろうか？		●	
	③ 大塩平八郎の乱は社会にどのような影響を与えたのだろうか？		●	
	④ 水野忠邦はどのような改革を行ったのだろうか？	●		
	⑤ なぜ，水野の改革は反対するものが多かったのだろうか？		●	
	⑥ 雄藩には，どのような共通した特色があるのだろうか？		●	
【4次のまとめ】 貨幣経済が農村に広がる中で経済的な格差が生み出され，それを背景として百姓一揆が起こった。また，外国船の接近に対し，幕府は北方の調査や異国船打払令を出した。財政が悪化した幕府は改革を行ったが，失敗が多く行き詰まった。		○	○	●

単元のまとめ	単元を貫く発問 あなたは，近世社会の基礎はどのように築かれ，どのように変容し，近代へとつながったと考えるか？		
1時間	・近世社会の変化について自分の考えをまとめる。	○	
	・近世社会の変化の学習を振り返り，次の時代に大切になると思うキーワードを挙げて，その理由を説明する。		○

【単元のまとめ】

　近世社会の基礎は，織田・豊臣による統一事業を基礎に，江戸幕府によって築かれたと考える。幕府と藩による支配体制を確立し，安定した社会を築いたが，貨幣経済の進展や外国船の接近によって変容していった。幕府の行き詰まりが，幕府を倒そうとする近代へとつながった。

評価の具体例

4次において，幕府の改革について，田沼意次と松平定信を例に学習した内容の評価問題例です。田沼の政治の評価は様々ありますが，授業内の考察を踏まえて出題しました。

問　次の会話は，田沼意次と松平定信の政治についての先生と生徒の会話である。また，下の**資料1・資料2**を読んで，会話中の ［＿＿＿＿＿＿＿＿＿＿＿＿＿＿＿＿＿＿＿＿＿］ に当てはまる言葉を書きなさい。※両方の政治の比較がなされていて正答とする。　思・判・表

資料1　定信に対する批判

> 白河の　清きに魚のすみかねて
> もとの濁りの　田沼こひしき

資料2　定信の考え（改革の背景）

> 老中（田沼意次）にわいろをおくり役職を得（え）た人（ひと）が多い。わいろは，公然とわたされている。わいろのせいで政治が乱れている。
> だから，わいろをやめさせることを同僚と相談し，今（いま）のように厳しくなったのである。
> （「宇下人言」）

会話

生徒：当時の人々は定信の政治をどう思っていたのでしょうか？

先生：それは，「白河の　清きに魚のすみかねて　もとの濁りの　田沼こひしき」という狂歌からわかるよ。

生徒：「狂歌」とは何でしょうか？

先生：狂歌というのは，五・七・五・七・七の短歌の一種で，当時の人々の生活や考え，社会の様子を表した歌で時代を風刺したものが多いんだ。例えば最初に「白河の」ってあるけど，これは，「白河藩（福島県）藩主・松平定信」と「白くてきれいな川」とをかけているんだ。そして，「田沼こひしき」とあるけど，これは「田沼意次」と「田んぼの沼」とをかけている。つまり，2人の政治を実際の「きれいな川」と『にごった沼』に見立てて比較しているんだよ。

生徒：なるほど。ということは，この歌の意味は ［＿＿＿＿＿＿＿＿＿＿＿＿＿］ となるのですね。

【解答例】　松平定信の改革は厳しくて居心地が悪く，（わいろ政治であっても）田沼意次の政治がよかった（恋しい）。※両方の政治の比較がなされていて正答。

近代前半はどのように近代後半へとつながった？

単元計画のポイント

　本単元は，19世紀ごろから20世紀初めまでの歴史を扱います。本来は，20世紀末までを扱う項目ですが，2・3学年の切り替わりに当たるところで前半・後半に分けて単元を構成しました。日本では，欧米諸国のアジアへの進出などを背景として，開国，不平等条約を締結し，急速な近代化を進めて近代国家の仕組みを整え，その後のアジア諸国や欧米諸国との関わりをもつようになりました。単元の導入では，小学校で学習した内容として江戸幕府の滅亡，明治維新などがあったことを思い出させ，特徴的な人物を挙げさせる学習が考えられます。そして，彼らがどのように社会の仕組みを整え，変化させたのかを考えさせることで，単元の学習に見通しがもてるでしょう。

単元の構成　○…「評定に用いる評価」，●…「学習改善につなげる評価」

時	主な発問	評価の観点		
		知	思	態
単元の導入　1時間	**単元を貫く発問** あなたは，近代（前半）の社会の基礎はどのように築かれ，どのように変容し，近代（後半）へとつながったと考えるか？			
	・4人班で小学校での学習などを踏まえて考察し，近代（前半）の学習の見通しを立て，ワークシートに記入する。 ・単元を貫く学習問題を解決するために，役立つ既習事項や解決の方法について話し合い，ワークシートに記入する。			●

【1次】欧米による近代社会の成立とアジア諸国の動き（6時間）

1	**1次を貫く発問** 欧米諸国は，どのようにアジアに進出したのだろうか？			

		イギリスの政治はどのように変わったのだろうか？		
		① ピューリタン革命によって政治はどのように変わったのか？	●	
		② 名誉革命によって政治はどのように変わったのか？	●	
		③ 権利の章典は，国王と議会の関係にどのような変化をもたらしたのだろうか？		●

2 なぜ，アメリカ独立が革命と呼ばれるのだろうか？

① なぜ，アメリカの人々は独立戦争を起こしたのか？		●
② 独立宣言には，誰のどのような権利が書かれているのだろうか？	●	
③ なぜ，革命は人々から支持されたのだろうか？ 啓蒙思想家は，市民革命にどのような影響を与えたのか？		●

3 フランス革命によって社会はどのように変わったのだろうか？

① なぜ，フランス革命が起きたのか？ 風刺画から考えよう。		●
② 人権宣言には，誰のどのような権利が書かれているのか？	●	
③ ナポレオンは，英雄か？ 独裁者（侵略者）なのだろうか？		●

4 産業革命によって社会はどのように変化したのだろうか？

① なぜ，イギリスで産業革命が発達したのだろうか？		●
② 資本家は，少しでも多くの利益を上げるため，どのようなことをしたか？	●	
③ 資本主義の問題を追究したマルクスはどのような考えだったのだろうか？	●	

5 市民革命や産業革命によって欧米諸国はどのように変化したのだろうか？

① フランス革命後のヨーロッパ諸国の動向を調べよう。	●	
② なぜ，ロシアは南下政策を行ったのだろうか？		●
③ なぜ，アメリカでは南北戦争が起きたのだろうか？		●

6 なぜ，欧米諸国はアジアへ進出したのだろうか？

① なぜ，19世紀のイギリスは，三角貿易を行ったのだろうか？		●

② 南京条約の内容と，アヘン戦争の影響についてまとめよう。	●		
③ 欧米の進出によってインドや東南アジアはどのように変化したのだろうか？	●		

【1次のまとめ】
欧米諸国は市民革命によって政治体制を変化させ，人権思想を発達させた。その後，産業革命を起こし資本主義社会が成立した。欧米諸国は市場や原料供給地を求めてアジアへ進出し，そのことが日本の政治や社会に大きな影響を与えた。 ○ ○ ●

【2次】明治維新と近代国家の形成（7時間）

1

2次を貫く発問
明治維新によってどのように近代国家の基礎が整えられたのだろうか？

ペリーの来航は，日本にどのような影響を与えたのだろうか？

① ペリーはどのようなルートで日本に来たのだろうか？	●		
② ペリーが日本に来航した目的は何だったのだろうか？		●	
③ なぜ，日米修好通商条約によって，外国との貿易が始まることにより，日本の経済が混乱したのだろうか？		●	

2

江戸幕府はどのように終わりを迎えたのか？

① 攘夷運動と倒幕運動について調べよう。	●		
② なぜ，薩摩藩と長州藩は，攘夷から討幕に考えを改めたのだろうか？		●	
③ なぜ，幕府による大政奉還の後，戊辰戦争が起きたのだろうか？　新政府による王政復古の大号令の内容を踏まえて考えよう。		●	

3

明治維新とはどのような改革・変化なのだろうか？

① 五箇条の御誓文から，明治維新には，どのようなねらいがあったのか読み取ろう。	●		
② 版籍奉還と廃藩置県には，どのようなねらいがあったのだろうか？	●		
③ なぜ，明治政府は身分制度を廃止したのだろうか？		●	

4

明治維新の三大改革は，人々の生活にどのような影響を与えたのだろうか？

① なぜ，学制を公布しても就学率が上がらなかったのだろうか？	●
② なぜ，徴兵制に反対する一揆が起きたのだろうか？	●
③ なぜ，地租改正に反対する一揆が起きたのだろうか？	●

5

欧米の文化は，人々にどのように受け入れられたのだろうか？

① 殖産興業政策とはどのようなものだったのだろうか？	●
② 文明開化は人々の生活をどのように変えたのだろうか？	●
③ 欧米の思想はどのような影響を与えたのだろうか？	●

6

新政府はどのような外交政策を進めたのだろうか？

① 日本の領土はどのように確定したのだろうか？　地図にまとめよう。 ※北方領土の国境設定，竹島，尖閣諸島の領土編入	●
② なぜ，日本政府の中国と朝鮮への対応が異なっているのだろうか？	●

7

新政府は沖縄や北海道に対して，どのような政策を進めたのだろうか？

① 琉球や北海道は，どのようにして日本の領土になったのだろうか？	●
② 明治政府は，琉球・アイヌの人々を「日本国民」にするためにどのようなことをしたのだろうか？	●

【2次のまとめ】

明治維新によって，富国強兵・殖産興業政策が行われ，複雑な国際関係においても独立を保つ近代国家の基礎が整えられた。また，領土の画定においては，ロシアとの領土の画定，琉球処分，北海道の開拓が行われていた。	○	○	●

【3次】議会政治の始まりと国際社会との関わり（8時間）

1

3次を貫く発問
日本はどのようにして国際的な地位を向上させたのだろうか？

政府を去った人々はどのような活動を展開したのだろうか？

① 課題追究　民撰議院設立の建白書を読み取ろう。 （1）板垣退助は何が問題だと言っているのか？	●

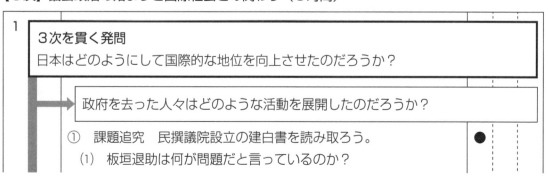

	(2) 板垣は，(1)を解決するために，何が必要だと言っているのか？	
	② 自由民権運動はどのような影響を与えたのだろうか？	●
	③ なぜ，板垣退助や大隈重信は政党を結成したのか？	●
2	伊藤博文は，どのような国家をつくったのだろうか？	
	① なぜ，伊藤博文はドイツ（プロイセン）の憲法を中心に調査したのか？	
	② 大日本帝国憲法にはどのような特色があるのだろうか？	●
	③ 教育勅語や民法から当時はどのような社会だったか考えよう。	●
3	日本は，どのように不平等条約改正をしていったのか？	
	① 各国の勢力範囲を地図から読み取ろう。	●
	② ビゴーの風刺画から，当時の日本は世界からどのように見られていたのか考えよう。	●
	③ なぜ，条約改正に成功したのだろうか？ 年表から読み取ろう。	●
4	なぜ，日清戦争が起きたのか？ その結果はどのようなものだったのか？	
	① 日清戦争が起きるまでの朝鮮半島情勢を調べよう。	●
	② 下関条約の決定事項は，日本や清にどのような影響を与えたのだろうか？	●
	③ なぜ，ロシアは遼東半島を必要としたのだろうか？	●
5・6	日露戦争の経緯と結果はどのようなものだったのか？	
	① 日清戦争後の日本はどのような変化があったのだろうか？	●
	② なぜ，日英同盟が結ばれたのか？	●
	③ 開戦に反対する人々もいる中，どのように日露開戦に踏み切ったのだろうか？	●
	④ 日露戦争の経過をまとめよう。	●
	⑤ なぜ，日比谷焼打ち事件が起きたのだろうか？	●
	⑥ 日露戦争後の日本はどのような変化があったのだろうか？	●
7・8	日清・日露戦争後，アジアはどのような変化があったのか？	

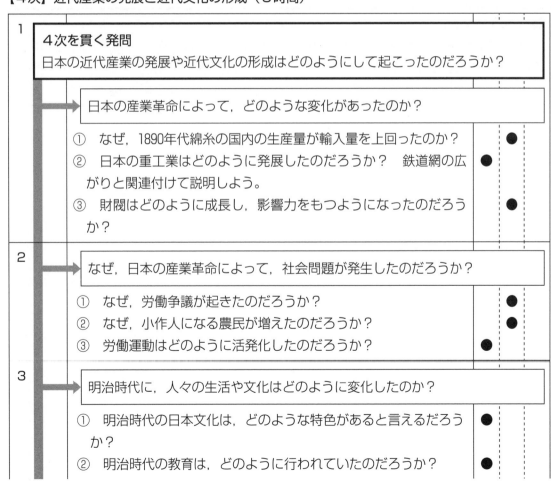

① 韓国の植民地化はどのように進んだのだろうか？	●	
② 韓国併合後，日本は韓国に対してどのようなことを行ったのだろうか？	●	
③ 日本は満鉄によってどのような利益を得たのだろうか？	●	
④ 辛亥革命はどのようにして起こったのだろうか？	●	
⑤ 中華民国は，どのような考えに基づいて建国されたのだろうか？	●	
⑥ 清朝はどのようにして滅亡したのだろうか？	●	

【3次のまとめ】
明治政府の内部の対立を経て，自由民権運動が起こり，立憲制の国家が成立し，議会政治を始めるための仕組みが整えられた。特に，大日本帝国憲法の制定，日清・日露戦争などを経て，日本の国際的地位が向上していった。　○ ○ ●

【4次】近代産業の発展と近代文化の形成（3時間）

1

4次を貫く発問
日本の近代産業の発展や近代文化の形成はどのようにして起こったのだろうか？

日本の産業革命によって，どのような変化があったのか？

① なぜ，1890年代綿糸の国内の生産量が輸入量を上回ったのか？		●
② 日本の重工業はどのように発展したのだろうか？　鉄道網の広がりと関連付けて説明しよう。	●	
③ 財閥はどのように成長し，影響力をもつようになったのだろうか？		●

2

なぜ，日本の産業革命によって，社会問題が発生したのだろうか？

① なぜ，労働争議が起きたのだろうか？		●
② なぜ，小作人になる農民が増えたのだろうか？		●
③ 労働運動はどのように活発化したのだろうか？	●	

3

明治時代に，人々の生活や文化はどのように変化したのか？

① 明治時代の日本文化は，どのような特色があると言えるだろうか？	●	
② 明治時代の教育は，どのように行われていたのだろうか？	●	

	③　なぜ，日露戦争後に男女とも就学率が100%に達したのだろうか？—就学率上昇の裏に迫る—			●

【4次のまとめ】

　日本では，富国強兵・殖産興業政策の下で近代産業が進展し，産業革命が起きた。一方，労働問題や社会問題も発生している。学問・教育・科学・芸術の分野においては，国際的な業績を生み出す人々によって進歩していった。　　　○｜○｜●

単元のまとめ　1時間	**単元を貫く発問** あなたは，近代（前半）の社会の基礎はどのように築かれ，どのように変容し，近代（後半）へとつながったと考えるか？			
	・近代（前半）社会の変化について自分の考えをまとめる。		○	
	・近代（前半）社会の変化の学習を振り返り，次の時代に大切になると思うキーワードを挙げて，その理由を説明する。			○

【単元のまとめ】

　近代（前半）社会の基礎は，明治政府によって築かれたと考える。明治政府は富国強兵・殖産興業政策によって近代化をもたらす一方，大日本帝国憲法を制定し，日清・日露戦争においても国際的な地位を向上させた。このことが近代（後半）の日本につながった。

評価の具体例

問　次の図は，新政府の仕組みである。この仕組みは，藩閥政治と呼ばれる，のちの自由民権運動などの際に批判の対象となるものであった。(1)なぜ，藩閥政治が生まれたのか，(2)なぜ批判の対象となったのか，について，正院の政治家たちの構成や，江戸時代の諸藩の改革に着目して説明しなさい。　　　　　　　　　　　　　　　　　　　思・判・表

図　新政府の仕組み

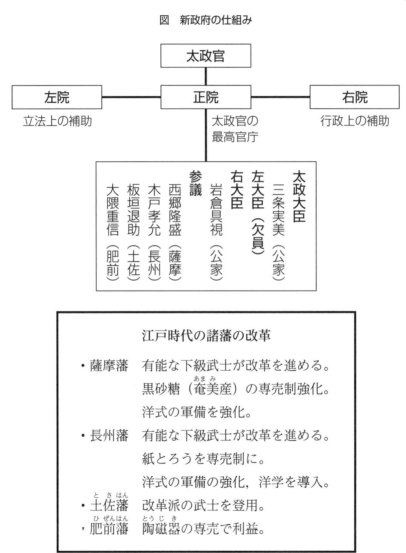

太政官

左院 ── 正院 ── 右院

立法上の補助　　太政官の最高官庁　　行政上の補助

太政大臣　三条実美（公家）
左大臣（欠員）
右大臣　岩倉具視（公家）

参議
西郷隆盛（薩摩）
木戸孝允（長州）
板垣退助（土佐）
大隈重信（肥前）

江戸時代の諸藩の改革

・薩摩藩　有能な下級武士が改革を進める。
　　　　黒砂糖（奄美産）の専売制強化。
　　　　洋式の軍備を強化。

・長州藩　有能な下級武士が改革を進める。
　　　　紙とろうを専売制に。
　　　　洋式の軍備の強化，洋学を導入。

・土佐藩　改革派の武士を登用。
・肥前藩　陶磁器の専売で利益。

【解答例】　薩摩，長州，土佐，肥前の四藩は，江戸時代に改革に成功した藩であり，この四藩の出身者が政治の実権を握っていたため。

近代後半はどのように現代へとつながった？

単元計画のポイント

　本単元は，20世紀初めから20世紀中頃までの歴史を扱います。多くは第3学年の学習の始めとなるところですので，ここに単元を設定しました。学習は，第一次世界大戦と第二次世界大戦を軸として展開していきます。

　第一次世界大戦

…大戦前後の国際情勢や日本の動き，大戦後に国際平和への努力がなされたことを理解させる

　第二次世界大戦

…軍部の台頭から戦争までの経過と，大戦が人類全体に惨禍を及ぼしたことを理解させる

　国際関係や出来事を追うだけでも時間がかかる単元ですが，教師の説明だけの授業にならないよう，史・資料を精選したり，考える場面を適切に設定したりすることが大切です。そのためには，単元の導入で二度の世界大戦が，現代にどのようにつながったのか，など学習する視点を明確にした状態で学習に入れるようにするとよいでしょう。

単元の構成　　○…「評定に用いる評価」，●…「学習改善につなげる評価」

時	主な発問	評価の観点		
		知	思	態
単元の導入　1時間	**単元を貫く発問** 近代（後半）社会の基礎はどのように築かれ，どのように変容し，現代へとつながったと考えるか？			
	・4人班で小学校での学習などを踏まえて考察し，近代（後半）の学習の見通しを立て，ワークシートに記入する。 ・単元を貫く学習問題を解決するために，役立つ既習事項や解決の方法について話し合い，ワークシートに記入する。			●

【1次】第一次世界大戦前後の国際情勢と大衆の出現（12時間）

1・2	**1次を貫く発問** 第一次世界大戦はどのようにして起こり，どのような影響を世界に与えたのだろう？		
	第一次世界大戦はどのようにして起こり，どのような特徴をもつ戦争だったのだろうか？		
	①　なぜ，バルカン半島は「ヨーロッパの火薬庫」と呼ばれていたのだろうか？　国際関係から説明しよう。		●
	②　なぜ，第一次世界大戦は総力戦と呼ばれたのだろうか？　それまでの戦争との違いを説明しよう。		●
	③　第一次世界大戦で女性はどのように戦争に関わったのか説明しよう。	●	
	④　なぜ，1917年になると，アメリカが参戦したのだろうか？　説明しよう。		●
3・4	日本は，第一次世界大戦やロシア革命にどのように関わったのだろうか？		
	①　なぜ，二十一か条の要求に対して，中国で反対運動が起きたのだろうか？		●
	②　レーニンは交戦国に対して，どのような呼びかけを行ったのだろうか？	●	
	③　なぜ，日本やアメリカなどがシベリアに出兵したのだろうか？		●
5・6	第一次世界大戦によって，国際関係はどのように変化したのだろうか？		
	①　1919年に調印されたベルサイユ条約とは，どのような内容の条約なのだろうか？	●	
	②　ベルサイユ条約において各国はどのような扱いを受けたのか，まとめよう。 　(1)　ドイツ　(2)　オーストリア　(3)　東ヨーロッパ諸国	●	
	③　ワイマール憲法は，どのような内容なのだろうか？	●	
	④　なぜ，第一次世界大戦後，アメリカは経済力をもつようになったのか？ 　※なぜ，第一次世界大戦後，ドイツではハイパーインフレーションが起きたのだろうか？		●

7・8	第一次世界大戦後，アジアではどのような運動が起こり，日本や欧米諸国はどのように対応したのだろうか？			
	① 朝鮮の三・一独立運動とはどのような運動だったのだろうか？	●		
	② 中国の五・四運動とはどのような運動だったのだろうか？	●		
	③ インドの民族運動とはどのような運動だったのだろうか？	●		
	④ なぜ，日本の軍部は，ワシントン会議の結果に対して不満をもち，交渉に参加した政府を批判したのだろうか？		●	
	⑤ パリ講和条約，ワシントン会議において，中国に関して決められたことを説明しよう。	●		
9・10	第一次世界大戦によって，日本の政治や経済はどのように変化したのだろうか？			
	① 第一次護憲運動とはどのような運動かを，説明しよう。	●		
	② 民主主義を広める動きにはどのようなものがあったのだろうか？	●		
	③ なぜ，第一次世界大戦後，日本の経済は急成長したのだろうか？		●	
	④ なぜ，米騒動が起きたのだろうか？　説明しよう。		●	
	⑤ 原敬内閣の成立はどのような意味があったのだろうか？　説明しよう。		●	
11・12	大正時代に，人々の生活はどのように変化したのだろうか？			
	① 普通選挙法と治安維持法とはどのような法律だったのだろうか？	●		
	② なぜ，1920年～1928年にかけて有権者数が増えたのか？		●	
	③ 女性，労働者，差別された人々が社会運動で何を求めたのか？	●		
	④ なぜ，大正時代の文化は大衆文化と呼ばれるのだろうか？		●	
	⑤ 新聞の発行部数が増え，多くの雑誌が出版されてきた背景を説明しよう。		●	
	⑥ 大正時代に日本に広まった欧米の文化や習慣をまとめよう。	●		

【１次のまとめ】

　第一次世界大戦は，ヨーロッパ諸国間の対立やそれに関係する国々の民族問題などが背景となって起こった戦争であった。また，戦争後は国際協調の動き　　○　○　●

があり，中国や朝鮮においては，民族運動が高まるなどの影響があった。日本においても，国民の政治的自覚が高まるなどの影響を及ぼしていた。

【2次】第二次世界大戦と人類への惨禍（12時間）

1・2	**2次を貫く発問** 平和や民主主義が目指される中，なぜ，第二次世界大戦が起きたのだろう？		
	世界恐慌は日本にどのような影響を与えたのだろう？		
	① なぜ，世界恐慌が起こったのか？ アメリカ経済の仕組みから説明しよう。		●
	② なぜ，不景気の影響は日本の農村部で特に大きかったのだろうか？		●
	③ 3枚の写真から，日本の不景気の様子について説明しよう。 (1) 預金を下ろそうと銀行に並ぶ人々　(2) 裏面が白い紙幣 (3) 失業者に対する炊き出し	●	
3・4	世界恐慌に対し，欧米諸国はどのように対応したのだろうか？		
	① なぜ，アメリカのニューディール政策が世界恐慌の対策になるのだろうか？		●
	② イギリス・フランスはどのような対応をしたのだろうか？	●	
	③ なぜ，ブロック経済が世界恐慌の対策になるのだろうか？		●
	④ ソ連は五か年計画によってどのように経済を成長させたのか？	●	
	⑤ イタリア・ドイツはどのような対応をしたのだろうか？	●	
	⑥ なぜ，民主的な国家であったドイツでファシズムが台頭したのだろうか？		●
5	満州事変以後，政党政治はどのように変化したのだろう？		
	① なぜ，新聞や民衆の中に，満州事変を支持した人がいたのだろうか？		●
	② 五・一五事件による影響はどのようなものか？	●	
	③ 二・二六事件による影響はどのようなものか？	●	
	④ 日本において政党政治が行き詰まり，軍部の力が強くなっていった理由を，「景気」や「満州」に着目して説明しよう。		●

6・7	→	**日本は戦争を進めるためにどのような政策を行ったのだろう？**			
		① 日中戦争はどのようにして始まったのだろうか？	●		
		② 中国は戦争に勝つために，どのような政策を行ったのだろうか？	●		
		③ なぜ，国家総動員法のような法律が制定されたのだろうか？		●	
		④ 政党が軍部に対する抵抗をやめたことで，どのようなことが起きたか？	●		
		⑤ 日本と中国は，ドイツ・アメリカ・イギリス・ソ連とどのような関係であったか，図を用いて説明しよう。	●		
8・9	→	**第二次世界大戦はどのようにして始まったのだろう？**			
		① なぜ，独ソ不可侵条約は結ばれたのだろうか？ 地図を活用して説明しよう。		●	
		② ドイツはどのようにして勢力を広げたのだろうか？	●		
		③ 日独伊三国同盟，日ソ中立条約を結んだ目的は何だったのだろうか？	●		
		④ なぜ，日本はアメリカと対立したのだろうか？		●	
10	→	**日本の占領下の地域における政策とその反応はどのようなものであったのだろう？**			
		① 大東亜共栄圏とはどのようなものか？ 資料を用いて説明しよう。	●		
		② 皇民化政策とは，どのようなものであったのだろうか？	●		
		③ なぜ，占領下の国や地域で抗日運動が起こったのだろうか？		●	
11	→	**戦争の展開によって人々の生活はどのように変化したのだろう？**			
		① なぜ，多くの国民は戦争の勝利を信じていたのだろうか？ 調べよう。※現在におけるマス＝メディアに同じようなことはないだろうか？		●	
		② ポツダム宣言とは，どのような内容だったのだろうか？ 調べよう。	●		
		③ なぜ，日本はポツダム宣言を黙殺したのだろうか？		●	

12				
	第二次世界大戦・太平洋戦争の犠牲について考えよう。			
	① 広島・長崎への原爆投下からポツダム宣言受諾までを年表にまとめよう。	●		
	② 私たちは，原爆投下の事実を，どのように歴史に残していけばよいのだろうか。3つの資料から話し合おう。		●	
	(1) 被爆者の訴え			
	(2) アメリカの原爆正当論			
	(3) バラク・オバマの広島訪問			
	③ なぜ，第二次世界大戦・太平洋戦争では，多くの犠牲者が出てしまったのだろうか。話し合おう。	●		

【2次のまとめ】

　世界恐慌に対する各国の対策をめぐり，対立が深刻化した。日本においても経済の混乱と社会不安が広がった。このようなことを背景として，日本では政党政治が行き詰まり，軍部が台頭し，中国へ進出した。ドイツ，イタリアと同盟を結ぶ一方，アメリカ，イギリス，ソ連などとの対立が深まり，第二次世界大戦が起き，大きな戦禍を被った。 ○ ○ ●

単元のまとめ	単元を貫く発問
	近代（後半）社会の基礎はどのように築かれ，どのように変容し，現代へとつながったと考えるか？

1時間	・近代（後半）社会の変化について自分の考えをまとめる。	○	
	・近代（後半）社会の変化の学習を振り返り，次の時代に大切になると思うキーワードを挙げて，その理由を説明する。		○

【単元のまとめ】

　近代（後半）社会の基礎は，二度の世界大戦によって築かれた。第一次世界大戦によって，女性の地位が向上するなど世界的に民主主義が拡大していった。日本においても，本格的政党政治が組織されるなどの影響があった。しかし，世界恐慌が起きたことによってこのような社会情勢は変容した。世界恐慌に対して対応が困難な国々は，軍部が台頭する国家となり，民主主義を掲げる国家との間で第二次世界大戦が起きた。民主主義国家が勝利したことが現代へとつながっている。

▌授業展開例（2次／12時）

　本時は，主発問として，「第二次世界大戦・太平洋戦争の犠牲について考えよう」を設定しました。戦争を経験していない生徒たちは，当時の人々はなぜ戦争を止めることができなかったのか，ということを疑問に思っています。そのような生徒たちに，広島・長崎への原爆投下の事実を押さえた上で，「私たちは，原爆投下の事実を，どのように歴史に残していけばよいのだろうか。話し合おう」という学習活動を提示します。

　資料の1つ目は，被爆者の訴え，2つ目はアメリカの原爆正当論です。日本の立場としては，唯一の被爆国という事実がありますが，アメリカでは受け入れない人々もいます。中学生は，なぜ？　と思う生徒がほとんどですが，アメリカ人の中に原爆が正当だったと考える人がいる理由を考えさせます。その上で，バラク・オバマ大統領の広島訪問の資料を提示し，原爆投下の事実をどのように歴史に残していけばよいかを話し合います。

S1　原爆投下は，被害者の訴えからもわかるように，日本にとっては被害であるし，一般人が多く死亡しているという事実がある。これを考えたら日本が受けた犠牲を残していくべきだと思う。

S2　アメリカ人の中で正当論を唱える人々は，原爆を投下しなければもっと犠牲者が出ていたという主張だよね。でも，原爆によって世界平和を実現した，ということを歴史に残すわけにはいかないよね。

S3　それはそうだね。だって，広島に原爆が投下されても日本は降伏しなかったし，その後にソ連が参戦している。この状態で日本がポツダム宣言を受諾していたらソ連が参戦したから第二次世界大戦が終わったということになってしまうよね。だから，長崎にも投下されたんじゃないかな。

S4　オバマ大統領は，アメリカとしては日本に謝罪をすることはないという背景がある中で訪問したようだね。個人としてこういうアメリカ人がいることはよいことだと思う。日本だけではなく，世界の人々のために，核兵器の悲劇を訴えるために，広島・長崎の原爆投下の事実を歴史に残していけたらよいよね。

▌評価の具体例

　次に示すのは，第一次護憲運動と原敬内閣の比較を通して，原敬内閣の特色を説明する問題です。近代（前半）では藩閥政治の特色を説明する問題を例示しましたが，本単元では，政党政治の特色を説明する問題としました。このように評価問題を「民主主義」で貫くことによって，毎回の評価テストにおいて，民主主義の考え方を意識させたいと考えました。

問　次の表1は，年表中の第一次護憲運動のときの桂太郎内閣，表2は，年表中の原敬が組織
　　した内閣の閣僚を示しています。また，図は，大日本帝国憲法による国の仕組みを示してい
　　ます。これらを見て，原敬の内閣が衆議院議員による初の本格的政党内閣と言われる理由を
　　説明しなさい。　　　　　　　　　　　　　　　　　　　　　　　　　　　　　思・判・表

表1　桂太郎内閣退陣時の閣僚

職　名	氏　名	出　身
総　理	桂　太郎	陸軍大将　公爵
外　務	加藤　高明	外務省　男爵
内　務	大浦　兼武	貴族院　陸軍中将
大　蔵	若槻礼次郎	大蔵省（官僚）
陸　軍	木越　安綱	陸軍中将　男爵
海　軍	斎藤　実	海軍大将
司　法	松室　致	司法省（官僚）
文　部	柴田　家門	貴族院
農商務	仲小路　廉	貴族院
逓　信	後藤　新平	内務省（官僚）

表2　原敬内閣成立時の閣僚

職　名	氏　名	出　身
総　理	原　敬	立憲政友会
外　務	内田　康哉	外交官
内　務	床次竹二郎	立憲政友会
大　蔵	高橋　是清	立憲政友会
陸　軍	田中　義一	陸軍中将
海　軍	加藤友三郎	海軍大将
司　法	原　敬（兼任）	立憲政友会
文　部	中橋徳五郎	立憲政友会
農商務	山本　達雄	立憲政友会
逓　信	野田卯太郎	立憲政友会
鉄　道	元田　肇	立憲政友会

図　大日本帝国憲法による国の仕組み

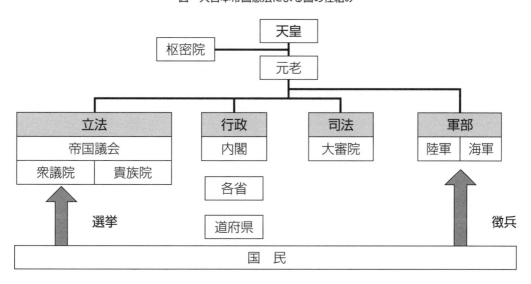

【解答例】　原敬自身が国民から選挙で選ばれた衆議院に所属し，外務・陸軍・海軍大臣以外を
　　　　　自らが所属する立憲政友会で構成していることから初の本格的内閣と呼ばれる。

歴史的分野　C　近現代の日本と世界　(2) 現代の日本と世界（14時間扱い）

現代社会の基礎はどのように築かれ，どのように変容した？

単元計画のポイント

　本単元は，第二次世界大戦後から20世紀末ごろまでの歴史に加え，生徒が生まれた21世紀初めから現在までを扱うことにより，現代の日本の基礎がどのように形成されたかを大観することをねらいとしています。また，歴史的分野のまとめとして位置付けられている本単元は，学習指導要領に「歴史と私たちとのつながり，現在と未来の日本や世界の在り方について，課題意識をもって多面的・多角的に考察，構想し，表現すること」とあるように，生徒の興味・関心に基づいて自ら課題を設定させることが大切です。

　現代社会がどのような時代であるかを追究するだけにとどまらず，現代社会の諸課題を把握させ，その解決策を構想することを視野に入れた単元の導入が必要です。

　導入では，「自分たちが生きている現代とはどのような時代か？」という問いを投げかけます。生徒は「便利な時代」「平和な時代」「少子高齢化の時代」など様々な反応を示すでしょう。これは，時代区分上同じである，敗戦後の日本がどのように現代の姿になったのか，また現在感じている課題はどのように現れ，どのように解決していくかを考えることにつながります。生徒自身が歴史を学ぶ意味を考え続けることができるような単元にしたいものです。

単元の構成　　○…「評定に用いる評価」，●…「学習改善につなげる評価」

時	主な発問	評価の観点		
		知	思	態
単元の導入 1時間	**単元を貫く発問** 現代社会の基礎はどのように築かれ，どのように変容したと考えるか？			
	・現代の学習の見通しをもたせるため，これまでの学習を踏まえて4人班で考察する。 ・どのような学習をすれば，課題が解決できるか，学習の見通しを立て，ワークシートに記入する。			●

【１次】日本の民主化と冷戦下の国際社会（４時間）

1	**１次を貫く発問** 敗戦後の諸改革により日本の社会はどのように変化したのだろうか？			
	敗戦後，どのような改革が行われ，どのような影響が残ったのだろうか？			
	①　GHQ が日本政府に指示した内容とその影響とはどのようなものだったのだろうか？　調べよう。	●		
	②　敗戦が海外にいた日本人に与えた影響とは何だろうか？　シベリア抑留，中国残留日本人孤児に触れて説明しよう。	●		
	③　日本はいつから戦後が始まったと言えるのだろうか？		●	
2	GHQ による占領下の日本では，どのような改革が行われたのか？			
	①　五大改革指令は，これまでの日本のどのような課題を改革しようとしたのだろうか？　調べよう。	●		
	②　日本国憲法やそれに合わせた新しい法律は，どのような課題を解決しようとしたのだろうか？　考えよう。		●	
3	冷戦は，日本や世界各地にどのような影響を与えたのだろうか？			
	①　資料や映像を見て，冷戦の影響を説明しよう。	●		
	②　日本が冷戦体制に組み込まれた背景を説明しよう。		●	
4	独立を回復した日本はどのような課題を抱えるようになったのか？			
	①　朝鮮戦争が起きたことによる日本の変化を調べよう。	●		
	②　日ソ共同宣言を読み取り，現在にも残っている課題を考えよう。		●	
	③　新安保条約の批准に反対する人々は，どのような考えだったのだろうか？　調べよう。	●		
	【１次のまとめ】 　日本は，GHQ の諸改革によってこれまでの軍国主義が否定され，民主的な社会に変化した。その後，冷戦体制下ではアメリカ側に組み込まれた。朝鮮戦争では，アメリカに軍需物資を輸出した。ソ連と国交を回復することによって，国際連合に加盟するなどの変化があった。	○	○	●

【2次】日本の経済の発展とグローバル化する世界（3時間）

1	**2次を貫く発問** なぜ，冷戦において日本は経済成長をすることができたのだろうか？		
	ベトナム戦争により，日本を含めた東アジアはどのように変化したか？		
	① ベトナム戦争の結末はどのようになったのだろうか？	●	
	② なぜ，沖縄はサンフランシスコ平和条約でアメリカの統治下に置かれ，日本に返還されてからも基地が残されているのだろうか？		●
	③ 日本が占領したアジアの国々や個人に対する戦後補償について調べよう。	●	
2	高度経済成長期に，人々の生活はどのように変わったのだろうか？		
	① 高度経済成長期の人々の生活の変化を，資料から読み取ろう。	●	
	② 石油危機により，日本の経済やエネルギー資源はどのように変化したのだろうか？	●	
	③ なぜ，1980年代に日米貿易摩擦が起きたのか，説明しよう。		●
3	冷戦はどのようにして終わり，その後日本や世界はどのように変化したのだろうか？		
	① 冷戦の終結の影響をまとめよう。	●	
	② 55年体制の崩壊は，どのようにして起きたのか説明しよう。	●	
	③ バブル経済とは何かを明らかにして，その影響を説明しよう。		●
	新たな課題 自分が生まれるまでに日本や世界にどのような課題があったのかを把握しよう。		●

【2次のまとめ】

日本は，経済や科学技術が急速に発展したことで，国民の生活が向上した。その結果，冷戦下においても経済成長をすることができた。また，国際社会における役割も大きくなった。 ○ ○ ●

【3次】現代の日本と世界の諸課題（5時間）

1	**3次を貫く発問** 現代社会の諸課題の解決策を歴史の中から探そう。			
	近年の歴史を踏まえ，自分が解決したい課題を考えよう。			
	○　年表の作成や日常生活を通して，現代社会に生じている諸課題のうち，歴史的経験を踏まえて解決したい課題は何か？　また，予想や仮説を立て，解決への見通しをもとう。	●		●
2	現代社会の諸課題を歴史の中から捉えよう。			
	①　自分が設定した課題について，これまで学習で働かせてきた歴史的な「見方・考え方」を用いて，整理・分析をしよう。 ②　過去の類似の事例が起こった時期を調べ，現代では何が違っているのか考えよう。	●	●	
3 ・ 4	現代社会の諸課題の解決策を歴史の中から調査し，構想しよう。			
	①　歴史的経験から，どのような解決策を構想したか？ ②　時間軸を踏まえた解決に加えて，どのような視点を学ぶ必要があるだろうか？	●	●	
5	現代社会の諸課題の解決策を他者との対話で深めよう。			
	①　学習班（3〜4名）で発表し，他者の追究課題や課題解決の考察・構想を記録しよう。 ②　学級での共有によってわかったこと，現代社会の諸課題の解決策を考察・構想する際に，時間軸を踏まえた解決に加えて，どのような視点を学ぶ必要があるか，についてまとめよう。	●	●	
	【3次のまとめ】（例：新型コロナウイルスの感染拡大を選択した場合） 　感染症の拡大に対する対策は，奈良時代にも行われ，宗教の力によって解決しようとしていた。また，20世紀初頭にはスペイン風邪に対し免疫をつくることで解決を図った。今後は，感染症による差別や経済への影響などを学習することによって，よりよい解決策を構想したい。	○	○	●

単元のまとめ 1時間	単元を貫く発問 現代社会の基礎はどのように築かれ，どのように変容したと考えるか？		
	・敗戦後の諸改革，日本の経済成長，現代社会の諸課題の学習を踏まえて，現代社会はどのような時代であるか考える。	○	
	・現代の学習を振り返り，公民的分野の学習で大切になると思う内容は何だったか考える。		○

【単元のまとめ】
　現代社会の基礎は，GHQ による諸改革による民主化，冷戦下における高度経済成長によって築かれた。日本は，現代という時代を通して，国際社会における政治・経済の役割が変容した。また，国内においても産業の発達により，国民の生活水準が向上し，現在へとつながっている。一方，戦後から平和，人権保障，感染症対策など，解決すべき諸課題についても，現代社会へとつながっている。

▌授業展開例（3次）

　本単元は，歴史的分野において，唯一「考察，構想」を含む単元です。そこで，現代社会の諸課題の解決の方法を歴史の中に見いだすことを構想とし，それに基づいて，単元を貫く学習問題を設定する授業を展開します。2次の終わりには，生徒たちが生まれるまでの歴史的な出来事を追究し，現代社会に見られる課題を発見させます。こうした流れで3次の学習への必然性（文脈）を保障しました。3次で扱う内容は，中項目に含まれるとともに，歴史的分野のまとめとして，位置付けられるため，3次の単元として設定しました。

　そこで，3次の中心発問を「現代社会の諸課題の解決策を歴史の中から探そう」と設定しました。

①　1時「①目標」の設定

　本単元のポイント：考察・構想に向けて「見方・考え方」を生徒自身が使いこなせるのか？

　これまでの学習で，自分が教師から何を問われ，どのように「見方・考え方」を働かせてきたかを振り返らせ，生徒自身に「見方・考え方」を活用させるようにしました。そして，単元の学習の見通しをもたせるため，自分が選択した「見方・考え方」を用いて課題を追究した場合，どのような結論に至るか，仮説を設定させました。

② 2時「②考察・構想」に必要な歴史的な「見方・考え方」の設定

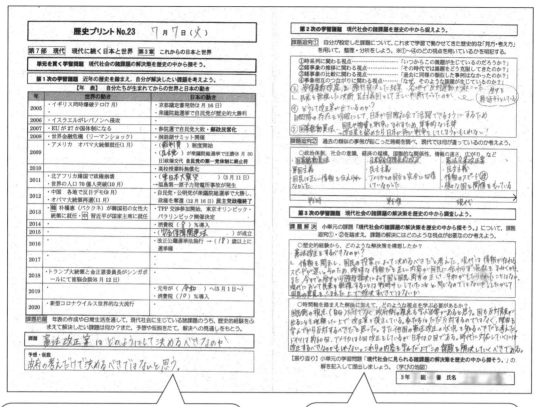

1時
自分たちが生まれる前後から今日に至るまでの年表を読み取らせ，現代社会に生じている課題について把握させ，生徒に自ら追究したいと考える課題を設定させます。この課題を解決する方法を歴史の中から探し，解決策を構想することを目標とします。

2時
自分が用いた視点で考えた際の仮説を考えます。また，過去の類似の事例が起こった時期を調べ，現代とは何が違っているのかを考えます。

③ 3・4時 「③問い」の吟味

　課題の原因や背景を考察する調査活動を行いました。歴史の教科書や資料集，学校図書館の資料やインターネットを用いて，日本や世界が抱えている課題を整理，分析し，その背景や原因を追究させました。その際，活用している「見方・考え方」は何かを常に自覚させ，明示させました。その後，過去の類似の事例が起こった時期（解決できた時代）と，現代（解決できていない時代）ではどのような点が違っているのかを考えさせました。また，課題の解決には，時間軸の上での考察以外に，どのような視点が必要かについて考えさせました。

このような学習を経て完成した次のような生徒のレポートは,「日本の憲法改正をめぐる諸問題」をテーマとしたものでしたが,歴史から解決策を構想し,さらに歴史から考察することでの限界を示し,今後何を学習すべきかを明確に示すことができるものでした。

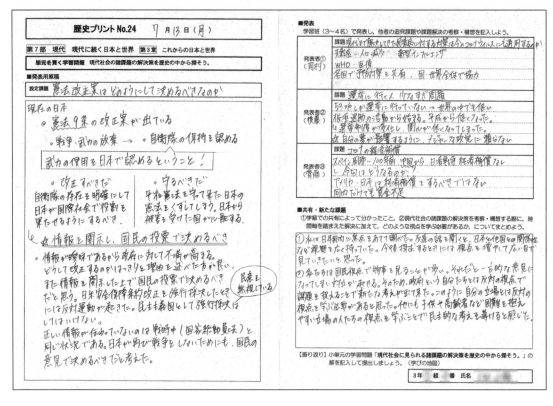

④　5時　「④視点」の吟味

　各自が追究してきた課題について,4人の学習班の中で発表し,課題解決に向けた自分の考えや意見を提案し,班員と議論させました。

S1　現代までに解決してきた感染症に対する対策で,現代の新型コロナウイルスに適用できる点はないかを調べたよ。

S2　天然痘は封じ込めた,という歴史があるようだね。こういうことは役に立つかもしれないね。

S3　経済保障の面では課題がありそうだよ。僕が調べたスペイン風邪のときは,第一次世界大戦もあって経済成長がある程度はあったとされている。今は,当時とは違っているから経済成長は難しいかもしれないね。

S4　歴史だけでは解決できないから,政治や経済の面でも解決が必要だね。

5時の板書

評価の具体例

　3次の評価は，生徒のレポートを基に，以下の観点で行いました。生徒のレポートを通して学習改善につなげる評価を行った後，中項目の評価として以下の2点を記述させました。

【思考・判断・表現】

　現代社会の諸課題を歴史の中から捉えよう。

　生徒の記述例：

　現代社会の基礎は，多くの国の争いによって築かれた。第二次世界大戦が終わって間もなかったので，まだ戦争の余韻が残っていて，各国の争いへと発展していた。ベトナム戦争のときのように各国のつながりで南ベトナムをアメリカが，北ベトナムをソ連が支援し，世界を巻き込むような激しい戦争があった。現代にもつながっていると言える。

【主体的に学習に取り組む態度】

　現代の社会の変化の学習を振り返り，そのつながりに着目して，公民的分野の学習に大切になると思うキーワードを3つとその理由を記述しよう。

　生徒の記述例：

①戦争・紛争　②経済　③各国のつながり

　現代はグローバル化が進んだため，世界全体を巻き込んだ戦争は起きなかったが，各地で戦争があり，皮肉にもそれにより日本経済が発展したという背景がある。各地で起こった戦争は，その国だけでなく，他の国が援助していて，国同士のつながりが強かったから。

伝統と文化を通して，現代社会がどのように見える？

単元計画のポイント

　Ａ　私たちと現代社会は，中項目⑴ 私たちが生きる現代社会と文化の特色と，⑵ 現代社会を捉える枠組みの2つから構成されています。本単元では，地理的分野と歴史的分野の学習との接続を図ることが求められています。また，技術・家庭科（家庭分野）と特に関わりが深いことに十分留意して，組織的かつ計画的に学習指導を進めていくことが大切である，とされているように，教科横断的な学習となるような工夫も必要です。

　本単元においては，「現代社会はどのように見えるのか？」ということを中心発問にしました。これまで地理的分野，歴史的分野で学んだことを，現代社会を見る視点として取り上げることで，これまでの学習を生かし，新たな視点を獲得できると考えました。

　特に，伝統と文化に関する学習は，地域の実態に応じて教材を設定する必要があると思いますが，本書においては，どの地域においても取り上げることができる浮世絵を中心に考察することとしました。

単元の構成　○…「評定に用いる評価」，●…「学習改善につなげる評価」

時	主な発問	評価の観点		
		知	思	態
単元の導入　1時間	**単元を貫く発問** 現代日本の社会の特色や現代社会における伝統と文化を通して，私たちには現代社会がどのように見えるのだろうか？			
	・地理的分野や歴史的分野の学習を踏まえて，現代社会はどのような特色があるのかを予想する。		●	
	・4人班で考察し，どのような学習をすれば，課題が解決できるか，学習の見通しを立て，ワークシートに記入する。			●

【1次】（3時間）

1	**1次を貫く発問** 現代日本の社会にはどのような特色が見られるのだろうか？			
	少子高齢化の進展で，社会はどのように変化し，どのようなことが課題なのか？			
	① なぜ，少子高齢化が進んだのだろうか？　アニメ，ドラマ，映画の家族像の変化から考えよう。			●
	② 少子高齢化した社会の課題とはどのようなものなのだろうか？　労働力需給の変化，医療や年金など社会保障費の財政負担の増加などの資料から，現在の特色を捉えよう。	●		
	③ 人口減少社会とはどのような社会なのだろうか？	●		
2	情報化について，例を挙げて私たちの生活がどのように変化したか説明しよう。			
	① 情報を得る方法は，どのように変化してきたのだろうか？　歴史的分野の学習を生かして高速情報通信ネットワーク社会の到来までの流れをまとめよう。	●		
	② 人工知能（AI）はどのように活用されているのだろうか？　（災害予測，人々の消費行動との関連などを取り上げる）	●		
	③ 情報化の課題とは何だろうか？　考えよう。	●		
3	グローバル化によって，私たちの生活はどのように変化したのだろうか？			
	① 世界の一体化はいつから始まったのだろうか？　歴史的分野の学習を生かしてグローバル化の進展をまとめよう。			●
	② グローバル化した社会はどのような特色があるのだろうか？　（貿易，人々の多様な価値観に関する資料などを取り上げる）	●		
	【1次のまとめ】 　私たちは，携帯電話端末一つで世界とつながっていることが見えた。そして，第4次産業革命とも言われる，進化した人工知能が様々な判断を行ったり，身近な物の働きがインターネット経由で最適化されたりする時代が到来している。	○	○	●

【2次】（3時間）

1	**2次を貫く発問** 伝統や文化は私たちの生活にどのような影響を与えているのだろうか？			
	文化は，私たちの生活にどのような役割を果たしているのだろうか？			
	① 日本の文化で外国の人から驚かれることは，どのようなことだろうか？ 　（文化と科学，芸術，宗教との関わりを踏まえて考える）	●		
	② なぜ，日本文化は地域的多様性をもっているのだろうか？　地理的分野，歴史的分野の学習を生かして考えよう。		●	
	③ 日本の伝統文化の特色についてまとめよう。 　（日本の伝統，他国の伝統に関する資料，映像などを活用する）	●		
2	日本文化の広がりから，多文化共生について考えよう。			
	① 世界に広がる日本文化をどこまで認めるか，について考えよう。 　（柔道が世界に広がり，日本の柔道がどのように変化しただろうか？　寿司が Sushi として世界に広がる中での変化とは何か？）		●	
	② 葛飾北斎「富嶽三十六景」をはじめとする浮世絵が，世界から認められた理由について考えよう。 　（江戸時代には，大衆文化として扱われていたが，なぜ現代では芸術となっているのだろうか？）		●	
3	私たちは，浮世絵の価値をどのように受け継いでいくのが望ましいのか？			
	① トゥールミン図式を用いて考えよう。	●		
	② 学習班（3〜4名）で発表し，他者の考えや考えの根拠を記入しよう。		●	
	③ 班の代表者たちの発表からわかったこと，深まったことを記入しよう。			●
【2次のまとめ】 　文化は現代社会を規定する大きな要因であり，私たちのものの見方や考え方，判断，価値観などが文化によって影響を受けていることがわかった。また，浮世絵を通して，文化の継承とは，単にものを保存することだけではなく，技術		○	○	●

を受け継ぐことや海外に発信することも含んでいることに気付くことができた。

単元のまとめ 1時間	単元を貫く発問 現代日本の社会の特色や現代社会における伝統と文化を通して，私たちには現代社会がどのように見えるのだろうか？		
	・単元で取り上げた内容を通して，現代社会がどのように見えるのかについて，発表し，ワークシートにまとめる。	○	
	・単元の学習を振り返り，今後の公民的分野の学習で大切になると思う内容は何だったか考える。		○

【単元のまとめ】
・少子高齢化した社会を通して，現代日本は社会保障費の財政負担が増大し財政の状況が悪化していることがわかった。
・人工知能の進化を通して，現代社会では，これを活用することによって災害被害の予防や拡大防止につなげていることがわかった。
・浮世絵を通して，文化の継承と創造の意義について考えることができた。例えば，浮世絵は作品だけでなく制作技術が受け継がれていること，外務省がパスポートの基本デザインを葛飾北斎の「富嶽三十六景」としたように，浮世絵は現代社会にも影響を与えている。

▌ 授業展開例（2次／3時）

　本時は，「私たちは，浮世絵の価値をどのように受け継いでいくのが望ましいのか？」という学習課題を通して，文化の継承と創造の意義を考えさせることがねらいです。

① 課題把握
T　前回の学習で，浮世絵について学習しましたが，浮世絵が所蔵されている美術館はどこに分布していますか？　地図から読み取ってみましょう。
S　日本以外には，ヨーロッパ州の国々に多いですね。
T　そうですね。それでは，浮世絵の扱われ方の変化はどうだったでしょうか？
S　江戸時代は大衆文化として庶民の間に広まっていましたが，ヨーロッパに渡ったことで，20世紀のヨーロッパで芸術という価値を与えられて日本に戻ってきました。現在では，美術品として多くの美術館で保存されています。
T　それでは，「私たちは，浮世絵の価値をどのように受け継いでいくのが望ましいのか？」について考えていきましょう。

②　課題追究①

　資料から「浮世絵とは〇〇である」という事実に当たる部分を設定させ，浮世絵の継承についての結論を導き出させます。事実から結論に至るための理由付けを考えさせます。これらの思考の裏付け（根拠）となる考えを示させることにより，生徒に主体的に考えさせることがねらいです。

③　課題追究②

　学習班（3～4名）で発表し，他者の考えや，考えの根拠を記入させます。班員の中から，最も説得力のあるものを選び，全体に向けて提示させ，共有させます。

世界的から評価されている，という点を事実として考えたら，日本ならではの文化として受け継いでいく，というのを結論にするのがいいと思う。

確かに，300年近い歴史があるし，時代に即した新たな表現の可能性を模索し続けていることが理由になりそうだね。まとめると，グローバル化というのが裏付けになるかもね。

④　課題追究③

　班の代表者たちの発表からわかったこと，深まったことを記入させます。自分の班とは異なった視点，考えに触れることによって，学習が深まった点を記述させます。

自分の班とは異なった視点，考えに触れる

生徒たちの回答を貼ったホワイトボード

⑤　課題解決

　本時の課題についてまとめます。「継承とは，ものを保存することだけではなく，技術を受け継ぐことや海外に発信することも含んでいる」などの発言をする生徒も見られました。授業の最後に，外務省が2020年度から導入する次期パスポートの基本デザインを葛飾北斎の「富嶽三十六景」とすることを決定したこと，大手メーカーユニクロが「富嶽三十六景」のTシャツを発売したことなど，現在に生きる浮世絵の事例を紹介しました。

▎ 評価の具体例

　単元末のワークシートから，次のような記述を「A」評価と判断しました。

【思考・判断・表現】

「単元を貫く学習問題」の解の例：

・伝統や文化は，形を変えても存在し続け，私たちの生活の基礎をつくり，豊かにする，という面で影響を与えていると考えた。例えば，浮世絵は，古くからの技術が伝統として受け継がれてきたが，その技術が様々な場面で使われており，私たちの身の回りに姿を変えて存在し続けている。このような日本文化を継承していくために，私たちの世代が，古来の技術や習慣を受け継いで世界へ発信していくことが大切だと思う。

・日本には，和服，和室，武道など伝統的文化があり，その考え方や精神も日本らしさである。その文化は，大衆文化の影響を受けていて，今なお受け継がれている。しかし，日本は少子高齢化によって後継者が少なくなり，守っていくことが難しくなってきた。日本文化の根底にある素晴らしい技術や考え方は世界各国で評価され，親しまれている。日本から外国に伝わるときに，その国の文化や宗教などのニーズに合わせて変化し，日本にあるものとは違う形になっている。日本はその変化を受け入れ日本人自らが楽しめるようになることが大切だと思う。

公民的分野　A　私たちと現代社会　(2) 現代社会を捉える枠組み（8時間扱い）

私たちは現代社会をどのように見ればよい？

単元計画のポイント

　A　私たちと現代社会の中項目の2つ目の単元です。(1)の学習の後に行うことで，これ以降に学ぶ内容の基礎を理解できるようにすることが求められています。例えば，よりよい決定の仕方，契約，きまりなどについての理解を基に現代社会を捉え，考察，構想する際に働かせる概念的な枠組である「対立と合意」「効率と公正」などを理解することが求められています。

　本単元の先行実践としては，校庭の使い方，ゴミ捨てのルール，マンションのエレベーターの補修など，生徒に身近な事例を扱うものがあります。しかし，今回は生徒にとっても切実な問題であった「新型コロナウイルス特別定額給付金」を取り上げました。2020年4月20日の閣議で「基準日（令和2年4月27日）に住民基本台帳に載っている人は，10万円が支給される」という決定がなされました。このことを事例を通して「対立と合意」「効率と公正」について学習することで，きまりの妥当性やよりよいきまりの在り方について考えさせます。

　さらに，「財源はどうするのか？」「どのように決まったのか？」などの疑問を抱かせ，経済分野や政治分野の学習につなげることをねらいとしました。

単元の構成　　○…「評定に用いる評価」，　●…「学習改善につなげる評価」

時	主な発問	評価の観点		
		知	思	態
単元の導入　1時間	**単元を貫く発問** 私たちは現代社会をどのように見ればよいのだろうか？			
	・世の中には，どのような合意方法があるのか，その合意方法はどのような対立のときに適用されるのか，について考える。		●	
	・現代の学習の見通しをもたせるため，単元を貫く学習問題について，どのような学習をすれば，課題が解決できるか，学習の見通しを立て，ワークシートに記入する。			●

【1次】（3時間）

1	**1次を貫く発問** 私たちの生活において，対立があった際に，どのように合意しているのだろうか？

<table>
<tr><td rowspan="8">1</td><td colspan="2">新型コロナウイルス特別定額給付金には，どのような対立の状態があるだろうか？</td></tr>
<tr><td>①　特別定額給付金の制度に賛成の立場の人，反対の立場の人，それぞれどのような考えをもっているだろうか？</td><td>●</td></tr>
<tr><td>②　新型コロナウイルス特別定額給付金のきまりは妥当だろうか？
表にまとめよう。</td><td>●</td></tr>
<tr><td colspan="2">妥当である　妥当でない　○をつける
（　　　　　　　　　　　）にとって（　　　　　　　　　から）
※どのような人にとって○○だから　妥当である　妥当でない　という判断をする。</td></tr>
<tr><td>③　自分とは対立する立場から考えると，どのようなことが言えるだろうか？</td><td>●</td></tr>
</table>

<table>
<tr><td rowspan="4">2
・
3</td><td colspan="2">効率と公正の視点を用いて，きまりについて考えよう。</td></tr>
<tr><td>①　新型コロナウイルス特別定額給付金を，効率と公正の面から考えるとどのようなことが言えるだろうか？　4人班で話し合い，表にまとめよう。</td><td>●</td></tr>
<tr><td>②　新型コロナウイルス特別定額給付金についての妥当性を，4人班で話し合い，判断をまとめよう。→　学級で共有</td><td>●</td></tr>
<tr><td>③　特別定額給付金に関するきまりをさらによいきまりにすることはできないだろうか？　4人班で話し合い，まとめよう。</td><td>●</td></tr>
</table>

【1次のまとめ】 　私たちは対立があった際は，効率と公正を踏まえて合意をしようとしている。しかし，効率，公正のどちらかを優先する場合もあり，そのことによって不利益を受ける人も出る。こうしたことも踏まえて合意をすることが必要である。	○　●　●

【2次】（3時間）

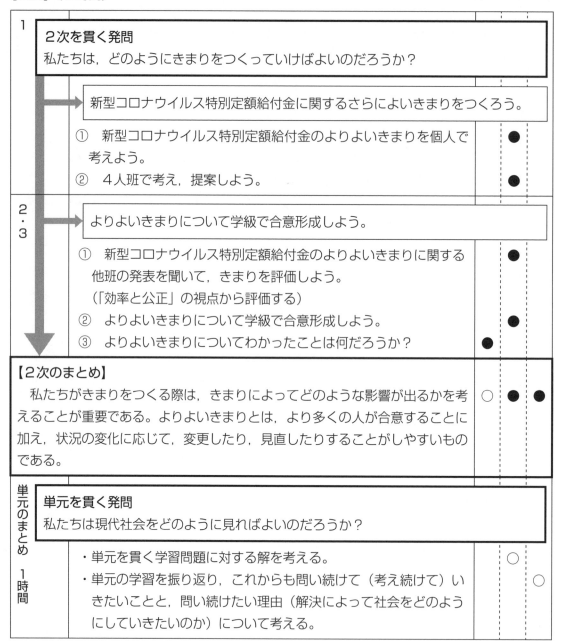

1	**2次を貫く発問** 私たちは，どのようにきまりをつくっていけばよいのだろうか？			
	新型コロナウイルス特別定額給付金に関するさらによいきまりをつくろう。			
	① 新型コロナウイルス特別定額給付金のよりよいきまりを個人で 　考えよう。		●	
	② 4人班で考え，提案しよう。		●	
2・3	よりよいきまりについて学級で合意形成しよう。			
	① 新型コロナウイルス特別定額給付金のよりよいきまりに関する 　他班の発表を聞いて，きまりを評価しよう。 　（「効率と公正」の視点から評価する）		●	
	② よりよいきまりについて学級で合意形成しよう。		●	
	③ よりよいきまりについてわかったことは何だろうか？	●		
	【2次のまとめ】 　私たちがきまりをつくる際は，きまりによってどのような影響が出るかを考えることが重要である。よりよいきまりとは，より多くの人が合意することに加え，状況の変化に応じて，変更したり，見直したりすることがしやすいものである。	○	●	●
単元のまとめ 1時間	**単元を貫く発問** 私たちは現代社会をどのように見ればよいのだろうか？			
	・単元を貫く学習問題に対する解を考える。		○	
	・単元の学習を振り返り，これからも問い続けて（考え続けて）いきたいことと，問い続けたい理由（解決によって社会をどのようにしていきたいのか）について考える。			○

　本単元以降の公民的分野の学習は，「思考・判断・表現」については，各「次」のまとめにおいて，「学習改善につなげる評価●」を行うこととしました。考察や構想をさせる際，「対立と合意」「効率と公正」などの現代社会の「見方・考え方」に着目できているかを確認することが評価の留意点となります。課題のある生徒に対しては，指導や助言を行って，「見方・考え方」に着目させるようにし，単元のまとめで，「評定に用いる評価○」を行いました。

授業展開例①（1次）

　ここでは，新型コロナウイルス特別給付金のきまりが妥当であるかについて，考える場面です。まず，個人で妥当であるかどうかについて理由を踏まえて説明させます。その際，どのような人にとってどのような政策であるかを示すことを求めます。

```
課題追究② 新型コロナウイルス特別定額給付金のきまりは妥当だろうか？ 表にまとめよう。
```

判断	判断の理由
妥当である **妥当ではない**	①（　　　　　　　　　）にとって
	②（　　　　　　　　　）にとって
	③（　　　　　　　　　）にとって

```
課題追究③ 自分とは対立する立場から考えると，どのようなことが言えるだろうか？
```

①（　　　　　　　　　）にとって
②（　　　　　　　　　）にとって
③（　　　　　　　　　）にとって

ワークシート（一部）

　回答例は，次の通りです。
　「妥当である」（（コロナによって営業自粛をしなければならない人）にとって生活費を支給することは大切なことであるから）
　「妥当ではない」（（子ども）にとって世帯主に支給されるという制度は，使い道を自由に決められないことにつながるから）

　その後，自分とは対立する立場からは，どのようなことが言えるかについて考えることを通して，多面的・多角的な考察をさせます。次に，4人班で，この政策を効率と公正の面から考えさせ，表にまとめます。

簡素な仕組みで迅速かつ的確に家計への支援を行う，という政府の主張は効率を意識しているね。

でも，結局のところ，手続きの煩雑さなどを考えると効率的とは言えないね。

住民台帳に記載されている人に10万円が給付されるというのは公正ではあるね。

人それぞれ，苦しい状態は変わらないのに同額というのは本当に公正なのかな？

話合いの結果を生徒が記入するワークシート

課題追究① 新型コロナウイルス特別定額給付金を，効率・公正の面から考えると，どのようなことが言えるだろうか。4人班で話し合い，表にまとめよう。	
効率	公正

課題追究② 新型コロナウイルス特別定額給付金についての妥当性を，4人班で話し合い，判断をまとめよう。→ 学級で共有

判断	判断の理由
妥当である 妥当ではない	

授業展開例②（2次）

　2次では，新型コロナウイルス特別給付金について，よりよいきまりにするための提案を行います。そして，効率と公正の考え方を用いて提案に対して，評価をします。

　次は，意見交換の様子です。

・「個人の生活の状況によって給付金を変えるべきである」という提案は，公正という面では評価できますが，生活の状況を支給する人たちが把握するための手続きが大変になることが予想され，効率的とは言えないと思います。

・「預金に回されてしまう現金で支給するのではなく，期限付きの商品券のようなもので支給した方が経済が回るのではないか」という提案は，経済という面で考えると効率的ではあると思います。しかし，商品券にすると，外出することを促すことになります。また，外出することができない人への配慮が足りないということでもあり，公正ではないと思います。

評価の具体例

　単元末のワークシートから，次のような記述を「A」評価と判断しました。

【思考・判断・表現】

　「単元を貫く学習問題」の解。「対立と合意」「効率と公正」などに着目させる：

・現代社会は，一人ひとり個性があり多様な考え方や価値観をもち，理解の違いもあることから，当然集団の内部で問題（トラブル）や紛争が生じる場合もある。これらの対立を合意に至るようにするためには，「効率と公正」の考え方が代表的な判断の基準となる。そして，決まったことをきまりとすることがある。

・きまりは，それを守ることによって，それぞれの権利が保障されること，またお互いが納得して受け入れられたものである限り，その結果について責任が伴うといった契約という考え方が含まれている。

【主体的に学習に取り組む態度】

　単元の学習を振り返り，これからも問い続けて（考え続けて）いきたいことと，問い続けたい理由（解決によって社会をどのようにしていきたいのか）についての記述：

・ものごとの決定についての過程を考え続けていきたい。今回，新型コロナウイルス特別給付金は，様々な議論の結果，第一次補正予算を組むことで実現した。これに至るまでの過程を政治の学習を通して，深く学びたいと考えた。

・ものごとを決定する際の財源について考え続けていきたい。今回，新型コロナウイルス特別給付金を実現するために，新たな公債を発行し，日本の財政が苦しくなるということを聞いた。経済の学習を通して，国の財政の仕組みを学習していきたい。

私たちはどのように市場経済に関わるのがよい？

単元計画のポイント

　本単元は，消費生活を中心に学びながら，①市場経済，②金融，③個人や企業の経済活動における役割と責任，について学習することが求められています。そこで，生徒にとって身近なコンビニを中心に単元を構成しました。

　まず，生徒自身の立場である消費者の視点から学習を始め，経営者，労働者と視点を変えていくことによって，上記の①～③の内容を押さえます。そして，市場経済の考え方に関する理解を基に考察し，表現させられるように計画しました。

　単元末では，コンビニという具体的な学習を経て，市場経済全体について一般化して考えることができるよう，市場経済への関わり方を考察させました。具体的な知識から，抽象的な概念の獲得を目指す単元構成にすることにより，生徒の資質・能力を育成することをねらいとします。

単元の構成　○…「評定に用いる評価」，●…「学習改善につなげる評価」

時	主な発問	評価の観点		
		知	思	態
単元の導入　1時間	・コンビニに関する新聞記事，資料から，将来のコンビニはどのようになると考えられるかを考察する。		●	
	単元を貫く発問 社会をよりよいものにするために，私たちはどのように市場経済に関わるのがよいだろうか？―コンビニ経営を通して考える―			
	・学習の見通しをもたせるため，これまでの学習を踏まえて4人班で考察する。 ・どのような学習をすれば，課題が解決できるか，学習の見通しを立て，ワークシートに記入する。			●

【1次】消費者の視点（5時間）

1・2	**1次を貫く発問** なぜ，消費活動で消費者の自立が求められているのだろうか？				
	消費者の権利と責任とはどのようなものだろうか？				
	① コンビニには，どのような目的で行くのだろうか？	●			
	② もしコンビニで買った製品の情報が嘘であったとしても，消費者は気付くことができないのか？	●			
	③ 消費者の権利には，どのようなものがあるのだろうか？	●			
	④ 自立した消費者になるために必要なことは何だろうか？		●		
	⑤ コンビニの支払い方法にはどのようなものがあるのだろうか？	●			
	⑥ コンビニの決済でキャッシュレスが増えているのはなぜだろうか？ キャッシュレス決済の仕組みとは何だろうか？		●		
3・4・5	私たちは，消費者としてどのようにコンビニと関わっているのだろうか？				
	① （自動販売機，コンビニ，スーパー，ディスカウントストアの売り方から）なぜ，同じものなのに値段が違うのか考えよう。	●			
	② 一般的な流通の図から，どのような課題があるか？ 消費者としての視点で考えよう。		●		
	③ コンビニなどのフランチャイズ店やチェーン店では，どのように流通を合理化しているのだろうか？（物流センターの仕組み，POSシステム，ビッグデータの活用など）	●			
	④ インターネット・ショッピングはどのような流通の仕組みなのだろうか？（コンビニが受け取り場所になっていることを踏まえて）	●			
	⑤ プライベートブランドとはどのようなものなのか調べてみよう（取り入れているメーカーや小売店，メーカー，消費者のメリット）。	●			
	【1次のまとめ】 　消費者は，生産者や販売者に比べて不利な立場に置かれていると言える。そのため，不利益を被り様々な消費者問題が起こっている。国や地方公共団体による対応もあるが，消費者自身が自立することで，よりよい生産，販売が行われるようになる。	○	●		●

1・2	**2次を貫く発問** なぜ，私たちの生活にとって金融は必要なのだろうか？		
	コンビニをはじめ，株式会社はどのような仕組みになっているのだろうか？		
	①　企業にはどのような種類があるのだろうか？	●	
	②　コンビニの経営において，どのような技術革新があるだろうか？　それによってどのように利益を上げているのだろうか？ （ビッグデータ，人工知能などによる商品管理，ドローンによる配達の試みなど）	●	
	③　現在のコンビニにおいて，各企業は，どのように企業の社会的責任（CSR）を果たしているのだろうか？　また，今後のコンビニ経営に必要な CSR の視点は何か？	●	
	④　コンビニの経営において，①個人経営，②株式会社ではどのような違いがあるか？	●	
	⑤　コンビニを起業するとしたら，上場，非上場のどちらがよいだろうか？		●
	⑥　企業（株式）の買収の意味を踏まえ，対応を考えよう。		●
3・4	コンビニで販売するものの価格はどのように決まるのか？		
	①　コンビニで販売している弁当が，(1)すぐに売り切れた，(2)大量に売れ残った，という状況を需要と供給を用いて説明し，必要な対応を考えよう。	●	
	②　日本の生産の集中度の資料から，独占が進むことの問題点を考えよう。		●
	③　2019年9月25日，公正取引委員会の杉本和行委員長は記者会見で，コンビニ業界の実態調査を始めることを明らかにした。なぜか調べよう。	●	
5・6	コンビニを経営するのに必要な資金はどのように調達するのだろうか？		
	①　お金がないときに，どのように資金を手に入れるのだろうか？	●	
	②　お金を貸している銀行などの金融機関は，どのようにして利益を上げているのだろうか？	●	

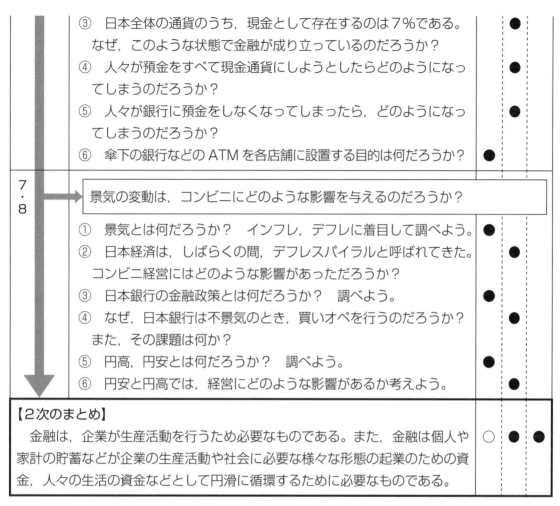

③　日本全体の通貨のうち，現金として存在するのは7％である。なぜ，このような状態で金融が成り立っているのだろうか？

④　人々が預金をすべて現金通貨にしようとしたらどのようになってしまうのだろうか？

⑤　人々が銀行に預金をしなくなってしまったら，どのようになってしまうのだろうか？

⑥　傘下の銀行などのATMを各店舗に設置する目的は何だろうか？

| 7・8 | 景気の変動は，コンビニにどのような影響を与えるのだろうか？ | |

①　景気とは何だろうか？　インフレ，デフレに着目して調べよう。

②　日本経済は，しばらくの間，デフレスパイラルと呼ばれてきた。コンビニ経営にはどのような影響があっただろうか？

③　日本銀行の金融政策とは何だろうか？　調べよう。

④　なぜ，日本銀行は不景気のとき，買いオペを行うのだろうか？　また，その課題は何か？

⑤　円高，円安とは何だろうか？　調べよう。

⑥　円安と円高では，経営にどのような影響があるか考えよう。

【2次のまとめ】
金融は，企業が生産活動を行うため必要なものである。また，金融は個人や家計の貯蓄などが企業の生産活動や社会に必要な様々な形態の起業のための資金，人々の生活の資金などとして円滑に循環するために必要なものである。

【3次】（5時間）

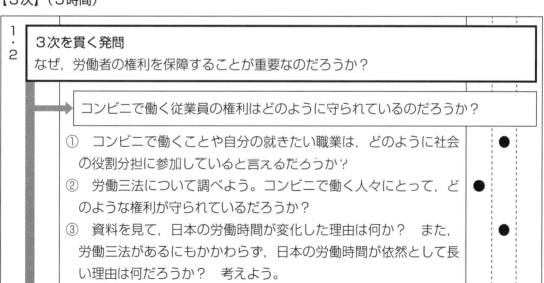

| 1・2 | **3次を貫く発問**
なぜ，労働者の権利を保障することが重要なのだろうか？ |

コンビニで働く従業員の権利はどのように守られているのだろうか？

①　コンビニで働くことや自分の就きたい職業は，どのように社会の役割分担に参加していると言えるだろうか？

②　労働三法について調べよう。コンビニで働く人々にとって，どのような権利が守られているだろうか？

③　資料を見て，日本の労働時間が変化した理由は何か？　また，労働三法があるにもかかわらず，日本の労働時間が依然として長い理由は何だろうか？　考えよう。

3・4	**コンビニで働く従業員の労働条件の改善について考えよう。**	
	① 労働形態にはどのようなものがあるのだろうか？	●
	② なぜ，非正規労働者が増えたのだろうか？	●
	③ なぜ，外国人労働者が増えたのだろうか？	●
	④ コンビニでは，どのような労働形態や労働者が必要だろうか？	●
5	**コンビニの脱24時間営業について考えよう。**	
	① 資料を読み取り，コンビニの「脱24時間営業」について自分の考えをまとめよう。主に労働者の視点から考えをまとめよう。	●
	② 学習班をつくり，労働者の視点に加え，消費者の視点，経営者（本部）の視点も踏まえて「脱24時間営業」について，対話を通して，考えを深めよう。	●
	③ 班の代表者の発表を踏まえて，改めてコンビニの「脱24時間営業」について，自分の考えをまとめよう。	●

【3次のまとめ】
　労働者の権利を保障することは，仕事と生活の調和のために必要なことである。また，家計を維持・向上させる上で，雇用と労働条件の改善は重要である。社会全体として働き方改革に取り組み，よりよい社会を実現する必要がある。　○ ● ●

単元のまとめ		
	単元を貫く発問　社会をよりよいものにするために，私たちはどのように市場経済に関わるのがよいだろうか？―コンビニ経営を通して考える―	
1時間	① 自分の考えを書こう（班の中で考える視点）。	○
	② 班をつくり現在の社会情勢を踏まえてどのように経済に関わるのがよいのかについて話し合おう（3～4人班での話合い）。	○
	③ 他の班の発表を聞いてわかったこと，深まったことをまとめよう。	○

【単元のまとめ】
　私たちは，消費者として主に市場経済に関わっているが，自立した消費者になることが最も大切であると考えた。消費者が自立していれば経営者もよりよい商品を開発，販売することになり，それがその企業だけでなく，社会全体の利益になるからだ。企業の利益が増えれば，そこで働く労働者の待遇もよくなるのではないだろうか。

▌授業展開例①（2次／1・2時）

　2次の1・2時において，企業の経済活動における役割と責任について考える場面です。4人班に1台のiPadを配付し，コンビニにおける技術革新や，コンビニにおけるCSR（企業の社会的責任）について検索する役割，記録する役割に分担し，各社の取組や考え方などをまとめさせることがねらいです。

　企業の目的は，利益を求めることにありますが，その利益を最大限にするためにどのような技術革新に取り組んでいるのか，そして社会的責任を果たすために，環境への配慮などの取組があることを理解させます。

iPadで調べてまとめる

　調べている課程で，「技術革新は新たな顧客を増やすためでもある」という意見や「CSRを行うことができるのは資金に余裕のある一部の企業だけではないのか？」などの疑問を挙げる生徒も見られました。

▌授業展開例②（3次／5時）

　ここでは，3次の「コンビニは24時間営業を続けるべきなのだろうか？」について対話を通して深めていく場面を取り上げます。この問題は，コンビニ業界だけの問題だけでなく，消費者，そして労働者としての視点からも考察することができる内容であると考えました。

　ここでは，「コンビニの店主（オーナー）」の扱いに留意する必要があります。中央労働委員会は2019年3月15日，「コンビニ店主を独立した事業者」と認定し，労働組合法上の労働者に

当たると評価することはできない，と判断しました。これについては係争中ですが，この問題を生徒に考えさせることで，労働組合の意義や労働基準法の精神を理解させることができます。

S1　消費者の立場からすると，24時間営業でも深夜に行くことはほとんどないし，24時間営業を続ける必要はないと思うな。

S2　でも，それは中学生だからであって，深夜に開いていてよかったと思う人はたくさんいるはずだよ。緊急にものが必要な人や夜勤の人とか，朝早い人もいるし。暗い中，コンビニが開いていて安心したという人もいるはずだよ。

S3　そうだね。では労働者としてはどうだろう。深夜の方がアルバイト代が高くなる，って貼ってあったからそれを目的に深夜労働している人もいるはずよね。24時間営業をやめたらそういう人の収入の機会を奪うことにもなるんじゃないのかな。

S4　それは，そういう人もいるっていうことで，24時間営業を続けることで，人手不足の中，無理に働いてもらっている人もいるはずだよ。24時間営業がなくなれば，消費者もそういうものか，と思って受け入れるし，労働者も少しは労働条件がよくなるのではないかと思うな。

T　（話合いを一度止める）皆さん，身近な地域のコンビニで考えているようですが，全国には様々な地域があります。広い視野でもう一度話を深めてください。

S1　例えば過疎地域では，24時間営業のコンビニは，逆に利益が出ないと考える店主もいるはずだよ。だったら，24時間営業は続ける必要はないよね。

S2　でも，本部の意向で，24時間営業は変えられないのだよね。それにしたがって店主は続けていかなければならないんじゃないのかな。

S3　店主は労働者ではない，としているけれど，本部との関係で考えたら店主も労働者と考えることもできるような気がする。24時間営業するかどうかを判断するのは経営者なのだから，自分の店の営業時間を決めることができないのならば，それは経営者とは言えないように思うな。

S4　でも，そういうことも含めてフランチャイズ契約をして店主になったんでしょう？

　様々な視点から考えた後，各班から発表をさせました。発表の場面では，以下のような考えが出ました。

・労働者の視点を重視するならば，24時間営業を続ける地域と続けない地域があってもよいのではないかと考えました。

・24時間営業だからこそコンビニなのであり，営業時間を短縮した場合，スーパーとの違いがなくなり，利益が出ないことも考えられるのではないかと思いました。

▌評価の具体例

　単元末のワークシートから，次のような記述を「A」評価と判断しました。

【思考・判断・表現】

「単元を貫く学習問題」の解。「分業と交換」「希少性」などに着目させる：

- 市場経済におけるよりよい社会とは，需要と供給のバランスが取れている状態である。しかし，そのような状況は実現が難しい。経営者の視点で考えると，希少性に着目してものを売れば利益を増やせる。しかし，利益のためだけに経営するのではなくCSRを果たすことも求められる。また，自分の会社の社員の権利を守ることも大切である。消費者の視点で考えると，正しい判断をして消費をすることによって，生産側も需要量を理解した上で供給することになるのではないかと考えた。

- 自分の専門とすることを「分業」して生産し，他の人が生産したものを「交換」することによって，欲しいものを得ることができる。しかし，すべてのものに希少性があるため欲しいものはどんどん買ってよいわけではない。また，消費者の自立がないと，不必要な物を買ってゴミを出したり，誤った情報で商品を購入して被害を受けたりする。商品を買うときに慎重になること，すべての欲求は満たせない，ということを理解して市場経済に関わるべきであると考えた。

【主体的に学習に取り組む態度】

　単元の学習を振り返り，これからも問い続けて（考え続けて）いきたいことと，問い続けたい理由（解決によって社会をどのようにしていきたいのか）についての記述：

- 単元を通して，労働者の権利について考え続けていきたいと考えた。日本は働き方改革を進めていても，未だに残業時間が多く十分な権利が保障されていない。人々の考え方も含めて，社会全体で変化をしていかなければ，生活との両立はできないと考えたからだ。

- これから日本はどのようなときに好景気が訪れるのか考えていきたい。バブル崩壊から日本は不景気が続いている。もし2021年に東京オリンピックが開催できたとして，コロナ禍で沈んだ景気が，どのように社会全体に影響していくのかについて注目していきたい。

国や地方公共団体が果たす役割について考えよう

▌ 単元計画のポイント

　本単元は，国民の生活と福祉を図ることに向けて，社会資本の整備，公害の防止など環境の保全，少子高齢社会における社会保障の充実・安定化，消費者の保護などの市場の働きだけに任せておくことができない問題に関する理解を基に，国や地方公共団体が果たす役割について考察，構想することが求められています。また，国や地方公共団体が役割を果たすための財政及び租税の役割について考察することが求められています。

　導入では，前単元の「市場の働きと経済」を踏まえ，「市場とは何か？」ということを問い直すことから学習を始め，市場の仕組みだけでは経済が機能しないことをつかませた上で，国や地方公共団体が介入する分野が存在することに気付かせます。そして，国や地方公共団体が財政難であることを踏まえ，どのような役割の果たし方があるのかを考えさせます。

▌ 単元の構成　　○…「評定に用いる評価」，●…「学習改善につなげる評価」

時	主な発問	評価の観点		
		知	思	態
単元の導入　1時間	なぜ，すべての経済を市場の働きだけに任せておくことができないのだろうか？			
	・4人班をつくり，事例に基づいて話し合い，結論を出す。		●	
	単元を貫く発問 市場の働きに委ねることが難しい諸問題に関して，国や地方公共団体が果たす役割について考えよう。			
	・学習の見通しをもたせるため，これまでの学習を踏まえて，どのような学習をすれば，課題が解決できるか，学習の見通しを立て，ワークシートに記入する。			●

【1次】（5時間）

1	**1次を貫く発問** 国や地方公共団体はどのような役割を果たしているのだろうか？
	税は誰がどのような目的で集め，使い道を決めているのだろうか？
	① 「市場の失敗」とはどのようなことかまとめよう。また，資料を見て，政府の失敗とはどのようなことかまとめよう。　●
	② 現在の税についての状況（徴収される税の種類や徴収方法，使い道）を調べ，気付いたことを話し合おう。　●
	③ 税を徴収する際，「公平性」を考える上で大切なことは何か？　　　●
2	**コロナ禍の対策費はどのように捻出されたのだろうか？**
	① 日本の財政状況について調べ，(1) 赤字国債を発行していいのか，(2) 今後借金をどうやって返すのか，について話し合おう。　● 　　政府の仕事を減らして「小さな政府」に進む（社会資本や公共サービスは民間に任せるべき）のか？　税収を増やして「大きな政府」を維持するのか？
	② 公債（国債や地方債）を発行していわゆる借金を重ねても，行わねばならない役割とは何か話し合おう。　　　● 　(1) 社会資本や公共サービスの提供　(2) 経済格差の是正（所得の再配分）　(3) 景気の安定化　(4) その他（市場経済における公正さの確保）
3	**少子高齢化の現実と将来について考えよう。**
	① 30年前の45歳の人々と，30年後の2050年に45歳である私たちとでは，高齢世代を支える仕組みに変化はあるか？　(1) 少子高齢化の要因とは何か，(2) なぜ少子高齢化に向かうのか，(3) 少子高齢化した社会の課題は何か，を視点に話し合おう。　　　● ② 社会保障にはどのような制度があるか班で調べよう。　● 　(1) 日本の社会保障制度の歴史的経緯（1960年代前半） 　(2) 日本の社会保障制度の4つの柱 　(3) 日本国憲法第25条が目指す内容 　(4) 今後の社会保障制度の課題

4・5	あなたたちは財務省の税制担当官です。財務大臣から「歳入における国債の発行額を全体の15%に抑えたい。その分，他の税の割合を変更して徴収額を増やすことはできないか。現在32%の国債の割合を15%にすることで残り17%分をどの税に転化していくか。あるいは新しい税を創設するか。あなたたちのアイデアを聞きたい」と相談されました。さらに「利点（メリット）と課題（デメリット）を考え，アイデアを発表してください」と言われました。			
	① 以下の視点に基づいて，班で税制改革のアイデアを提案しよう。 ・全体の歳入は約102兆円とする。 ・消費税を1%上げると，約2.8兆円の税収になる。 ・国債発行額（借金）32%は，32兆5千億円である。		●	
	② 課税率の変更，新しい税の創設による利点（メリット），課題（デメリット）を整理しよう。※公平性に留意して考えよう。		●	
	③ 他の班の発表を聞いて，学んだこと，考えたこと，新たな疑問などを書こう。			●

【1次のまとめ】			
国や地方公共団体は，公共事業など市場の働きに任せておくことができない分野に対して介入する役割を担っている。そのため多くの財源が必要だが，現在多くの公債を発行するなどの課題があり，政府の在り方を考えていく必要がある。	○	●	●

【2次】（3時間）

1・2	**2次を貫く発問** 財政及び租税の役割はどのようなことなのだろうか？		
	公害の防止における財政及び租税の役割は，どのようなことなのだろうか？		
	① 公害は，どのような点において，「市場の失敗」と言えるのだろうか？		●
	② 循環型社会を実現するために，どのような取組があるか調べよう。	●	
	③ 国と公害との関わり方を話し合おう。		●
	(1) 国は経済成長を優先させていたが，振り返ってみて，水俣病の悲劇を引き起こさないために，国はどの段階から積極的な関		

	与をすべきだったのだろうか？		
	(2) 今後，国はどのように財政及び租税を投入していけばよいのだろうか？（ノート）		●

<table>
<tr><td rowspan="1">3</td><td colspan="3">貿易の自由化における財政及び租税の役割は，どのようなことなのだろうか？</td></tr>
</table>

	設問			
	① 「産業の空洞化」とは，どのようなものか？　また，その背景を調べよう。	●		
	② 貿易の自由化と日本について考えたことをまとめよう。		●	
	(1) 国家が財政及び租税を投入することによって貿易に介入することはよいことなのだろうか？			
	(2) 自由貿易と保護貿易の対立にはどのような歴史があった？			
	(3) なぜ，世界は自由貿易を推進し，アメリカ（トランプ大統領）は保護貿易を推進していたのだろうか？			
	③ 日本の今後の貿易の望ましい在り方について，話し合おう。			●

【2次のまとめ】　○ ● ●

　財政及び租税の役割は，国民や住民が受ける様々な公共サービスを提供することである。しかし，財政支出に対する要望は，公害の防止や貿易まで広範多岐にわたり，国民の負担は多いため，財政の持続可能性について考える必要がある。

単元のまとめ　1時間

単元を貫く発問
市場の働きに委ねることが難しい諸問題に関して，国や地方公共団体が果たす役割について考えよう。

① 単元を貫く学習問題の解を記述しよう。その際，「分業と交換」「希少性」などに着目しよう。		○	
② 単元の学習を振り返り，これからも問い続けて（考え続けて）いきたいことと，問い続けたい理由（解決によって社会をどのようにしていきたいのか）を書こう。			○

【単元のまとめ】

　市場の働きに委ねることが難しい問題に関して，財政難の現状においては，国や地方公共団体は果たす役割を選んでいく必要がある。例えば，公害の防止や生活保護など生存権に関わる問題を優先し，将来，民間企業に委託できるものは積極的に委託していくべきであろう。

※共同研究　安原　輝彦先生（埼玉大学教育学部附属教育実践総合センター教授）

▌授業展開例（単元の導入）

　ここでは単元の導入で単元を貫く学習問題をスムーズに把握するためのポイントを示します。

① 課題提示

T　前の時間までに学んでいた「市場」とは，何だったのだろう？

S　説明しようとすると難しいのですが，物の売り買いの場，ということでしょうか。

T　そうだね。では，市場の働きとは何だったろうか？

S　需要と供給の関係で価格が決まる，価格競争が起きるなどでしょうか。

T　そうだね。では，価格競争が起きないものがあったけれど，何だったかな？

S　公共料金です。生活に影響するものは価格が変わらないようになっています。

T　では，「なぜ，すべての経済を市場の働きだけに任せておくことができないのだろうか？」について考えよう。これから4つのテーマを各班に割り当てるので，市場の働きに任せたら，どんな社会になるか，よい面，悪い面，両面あるから考えてみてください。

② 課題追究

① もし，一般の道路の維持を民間企業が担ったらどうなるか？ ・利益が出る道路とそうでない道路ができ，整備されない道路は利用できない人が出てしまう。	② もし，公立学校がなく，学校がすべて民営だったらどうなるか？ ・倒産してしまったら，教育を受ける権利が侵害されてしまう。利益が出ない地域には学校がつくられない。
③ もし，警察や消防を民間企業が担ったらどうなるか？ ・警察や消防を呼ぶのにお金がかかってしまう。利益によって質が上がるかもしれない。	④ もし，病院でかかるお金を患者が全額負担するようになったらどうなるか？ ・病院に行けない人が出てしまい，生存権が脅かされる。

T　4つのテーマを集約して，結論を出そう。

T　市場に任せてもよいもの，任せてはいけないものに分類しよう。

③ 課題解決

　利益を重視する民間企業では，例えば命や人権に関わることは，解決できない。そのため，国や地方公共団体が適切に介入して，よりよい社会をつくる分野が存在する。

本時の結論から単元を貫く学習問題を導き，終末では，解決への見通しを立てさせます。

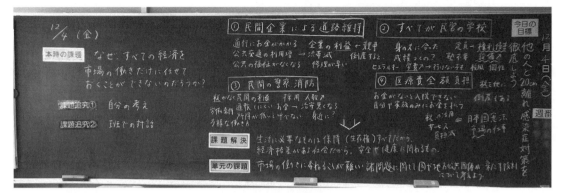

単元の導入の板書

評価の具体例

　単元末のワークシートから，次のような記述を「A」評価と判断しました。

【思考・判断・表現】

「単元を貫く学習問題」の解。「分業と交換」「希少性」などに着目させる：

・国や地方公共団体は社会資本の整備，公害の防止など環境の保全，少子高齢社会における社会保障の充実・安定化，消費者の保護などの市場の働きに委ねることが難しい問題において財源を効率的に使用し，公正に住民にサービスを提供する役割を担っている。それを実現するための構想として，財源の徴収の仕方をより効率的に改善したり，国や地方公共団体の事業を精選したりすることによって，支出を減らすことが考えられる。そして，国民，住民の税の負担率を考えながら，毎年大量に発行され続けている公債を減らす努力をすることも必要である。

【主体的に学習に取り組む態度】

　単元の学習を振り返り，これからも問い続けて（考え続けて）いきたいことと，問い続けたい理由（解決によって社会をどのようにしていきたいのか）についての記述：

・どのようにしたら国債を返すことができるかについて考えたい。自分たちのサービスが低下することは覚悟の上で，国や地方公共団体の役割を減らすことも考えられるが，今まで税金を納めてきた人は納得できないであろう。

・少子高齢社会において，これから生まれる子供たちにどのようなサービスを提供することが望ましいのか，それを実現するためにどのような国・地方公共団体であるべきか，について問い続けたい。そして，この問いを解決することによって，子供を産みたい，育児をしたいと思っている人の願いをかなえることができる社会にしていきたい。

公民的分野　C　私たちと政治　(1) 人間の尊重と日本国憲法の基本的原則（14時間扱い）

私たちはどのように社会に関わるのがよい？

単元計画のポイント

　本単元は，日本国憲法を中心に，人権保障や法に基づく政治の意義について学習することが求められています。憲法に書かれている内容を覚えさせる，ということになりがちな単元でしたが，発問をつくる際は具体的な事例を通して考えさせることを中心に学習させることが大切です。考える際に，必要となる知識は，生徒が調べたり，説明したりする過程を通して身に付くようにする仕掛けが大切です。

　また，本単元は，

・1次では法に基づく政治
・2次では人権保障
・3次では時代の変化に伴う権利としての新しい権利

について考えさせます。憲法を理解させることも大切であると同時に，憲法改正手続きのように，自分たちには憲法をよりよくすることができるということに気付かせることも重要であると考えています。このような学習を経て，社会にどのように関わるべきなのかについて，対話を通して深めていける単元にしたいものです。

単元の構成　　○…「評定に用いる評価」，●…「学習改善につなげる評価」

時	主な発問	評価の観点		
		知	思	態
単元の導入　1時間	**単元を貫く発問** 日本国憲法が保障する権利を守るために，私たちはどのように社会に関わるべきなのだろうか？			
	・学習の見通しをもたせるため，これまでの学習を踏まえて4人班で考察し，どのような学習をすれば，課題が解決できるか，学習の見通しを立て，ワークシートに記入する。			●

【1次】（5時間）

1	**1次を貫く発問** なぜ，法（憲法）に基づいて政治が行われることが大切なのだろうか？			
	人権という考え方は，どのように発展してきたのだろうか？			
	①　人と人の違いについて，違いを認めるとき，認めないときはどのような場合か考えよう。	●		
	②　人権思想と憲法の歴史についてまとめよう。	●		
2	なぜ，憲法は定められているのだろうか？			
	①　日本国憲法の前文，条文を読んでみよう。国民が守らなければならない，と書かれている条文を探してみよう。	●		
	②　なぜ，立憲主義という考え方が大切にされているのだろうか？		●	
	③　なぜ，三権分立が定められているのだろうか？	●		
3	日本国憲法において，天皇と国民の関係はどのように定められているのだろうか？			
	①　なぜ，憲法改正で国民投票が採られているのだろうか？	●		
	②　今後の天皇，皇室の在り方についての自分の考えを書こう。			●
4	日本国憲法の平和主義について考えよう。			
	①　政府は，自衛隊に対して，どのような説明をしているのか？	●		
	②　なぜ，集団的自衛権を行使できるようにしたのか考えよう。		●	
	③　今後の日本国憲法第9条の在り方について話し合おう。			●
5	日本国憲法における基本的人権の尊重とは，どのような考えなのだろうか？			
	①　日常生活のどのような場面で人権が保障されているだろうか？	●		
	②　私たちの身の回りで，社会的に弱い立場にある人たちの人権保障のためになされている取組や工夫はないか考えよう。			●
【1次のまとめ】 人類の歴史の中には，人による支配により人々の権利が侵害されることがあった。法に基づく政治では国民が法をつくり，権力者も法にしたがって政治を		○	●	●

行うことになる。このため，人権を保障するために，法に基づいた政治が大切である。

【2次】（5時間）

1

2次を貫く発問
人間の尊重とはどういうことか，それはどのような方法で実現できるのだろうか？

今日の日本社会では，差別を解消して共生社会を築いていくために，どのような取組があるのだろうか？

① 就業において，障がい者雇用枠を設けることと障がいのある人も一般募集枠で雇用することの平等は，どのように違うのか？ ● ●
② 身近なところにどのようなユニバーサルデザインがあるか？ ●
③ 「女性の働いている割合」（「労働力調査年報」）を見て考えよう。
④ 「女性を優遇する」という考え方について話し合おう。 ●

2

自由権とはどのような権利なのだろうか？

① 日本国憲法の自由権について，事例から考えよう。 ●
② "田澤ルール"から，プロ野球選手になることと，希望球団の選手になることのどちらが職業選択の自由と言えるか考えよう。 ●

3

社会権とはどのような権利なのだろうか？

① 生活をする上で，これだけはなくては困ると思うものは何か？ ●
② 「健康で文化的な最低限度の生活」と生活保護法の在り方について，自分の考えをまとめよう。 ●
③ なぜ，日本の公務員の労働基本権は，制限されているのか？ ●

4

人権保障を確かなものにするために，どのような権利が保障されているのだろうか？

① なぜ，日本では裁判を受ける権利や請求権を行使する人が少ないと言われてきたのか？ ●
② なぜ，駅周辺の再開発で立ち退かないといけないのだろうか？ ●

5

人権はどのようなときに制限されているのだろうか？

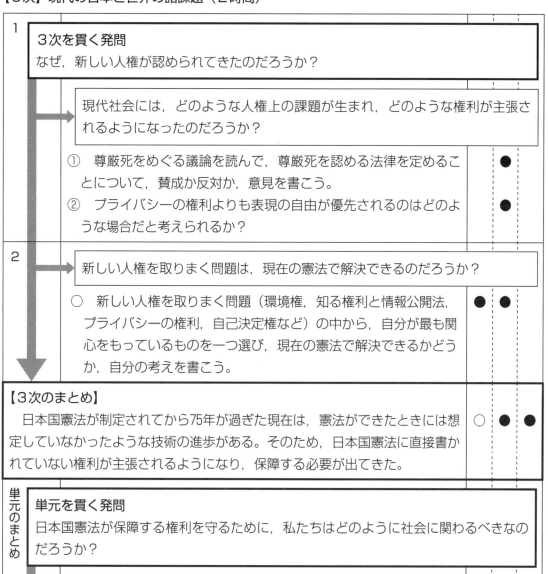

① 「公共の福祉」による人権の制限の例を表にまとめ，自分の考えを書こう。	●		
② なぜ，（日本国）憲法には，義務に関する規定が少ないのだろうか？ これまでの学習を踏まえて説明しよう。		●	

【2次のまとめ】
人間の尊重とは，ものを考える自由，最低限度の生活を保障することである。しかし，現代社会には根強い差別もあるため，解消する取組を続ける必要がある。また，公共の福祉のように人権を制限することも人間の尊重である。 ○ ● ●

【3次】現代の日本と世界の諸課題（2時間）

1

3次を貫く発問
なぜ，新しい人権が認められてきたのだろうか？

現代社会には，どのような人権上の課題が生まれ，どのような権利が主張されるようになったのだろうか？

① 尊厳死をめぐる議論を読んで，尊厳死を認める法律を定めることについて，賛成か反対か，意見を書こう。 ●

② プライバシーの権利よりも表現の自由が優先されるのはどのような場合だと考えられるか？ ●

2

新しい人権を取りまく問題は，現在の憲法で解決できるのだろうか？

○ 新しい人権を取りまく問題（環境権，知る権利と情報公開法，プライバシーの権利，自己決定権など）の中から，自分が最も関心をもっているものを一つ選び，現在の憲法で解決できるかどうか，自分の考えを書こう。 ● ●

【3次のまとめ】
日本国憲法が制定されてから75年が過ぎた現在は，憲法ができたときには想定していなかったような技術の進歩がある。そのため，日本国憲法に直接書かれていない権利が主張されるようになり，保障する必要が出てきた。 ○ ● ●

単元のまとめ

単元を貫く発問
日本国憲法が保障する権利を守るために，私たちはどのように社会に関わるべきなのだろうか？

1時間	① 自分の考えを書こう。班の中で考える視点 (1) 法に基づく政治，(2) 人間の尊重，(3) 新しい人権	○	
	② 班をつくり，現在の社会情勢を踏まえてどのように社会に関わるのがよいのかについて話し合おう（3～4人班での話合い）。		○
	③ 他の班の発表を聞いてわかったこと，深まったことをまとめよう。	○	

【単元のまとめ】

　日本国憲法が保障する権利を守るために，憲法が最高法規であることを理解し，法に基づいて行動することが大切である。また，保障されていない人たちがどのような社会状況でそのようになっているかを判断し，権利が保障されるように関わっていくことが大切である。

▌授業展開例（3次）

　3次は，新しい人権に関して，尊厳死をめぐる問題，プライバシーの権利をめぐる問題を中心に取り上げ，対話を通して人権保障についての考えを深めることをねらいとしました。

　次は，尊厳死をめぐる対話の例です。

S1　人間は生きていることに意味があるのだから，死を選ぶ自由はないと思うな。

S2　そうかな。生きる自由があるなら死を選ぶ自由もあるのではないかな。

S3　でも，尊厳死を選んだ人の延命治療を止めるのは，結局はお医者さんなのだから，その人が罪に問われるんじゃないかな。

S4　もしかしたら，医者と家族が一緒になって，治療不可能な病であると嘘をついていたとしたら……。

S1　尊厳死を認めている国家もあるよね。そういう国では，診断で嘘はないということなのだろうか。

S2　それと，残された家族に意思を示したとしても，それは遺言などを書いたときの話で，その瞬間はどう思っているかわからないよね。

S3　生きているとはどういうことか，法で決めるということはできないのだろうか。

S4　どんどん難しくなってきたな。結論を出すのが大変だ。

　次は，プライバシーの権利をめぐる対話の例です。

S1　プライバシーの権利は芸能人であれ，どんな犯罪者にだってあるべきだと思う。

S2　確かに。それは，裁判所の判決でも認められていることだね。推定無罪という言葉を聞いたこともあるね。

S3 それでは，プライバシーの権利よりも表現の自由が優先されることなんてあるのだろうか。

S4 例えば，住所とか個人情報が知られた方がみんなのためになるということだよね。そういう場面なんてあるかな？

S1 こういうのはどうだろう。ある家庭の付近から有毒物質などが見つかって，住所を公開しないと，その付近の人が危険になってしまう場合などは考えられそうだよね。

S2 それは，公共の福祉と言えるのだろうか。

S3 個人情報が出てしまうことがみんなのためと言えるなら仕方ないのかな。

S4 個人情報の保護自体，最近決められたものだから，はっきりとは言えないよね。プライバシー自体，何を指すのかあいまいだから，もっと考える必要があるね。

■ 評価の具体例

3次の評価は，2時「新しい人権を取りまく問題は，現在の憲法で解決できるのだろうか？」に対する生徒の対話の観察，生徒のワークシートの記述を基に，以下の観点で行いました。

【思考・判断・表現】
① 現在の日本国憲法で解決できるとした場合，その根拠となる条文を日本国憲法から探し，どの権利がどの条文に当てはまるか説明できる。
（例）環境権をめぐる問題は，第25条の生存権を解釈すれば保障することができる。
② 現在の日本国憲法では解決できないとした場合，現在の条文の改正案を示すか，新しい人権を含めた新しい条文をつくり，現在の憲法で解決できない理由を説明できる。
（例）環境権をめぐる問題は，現在の日本国憲法には，直接保障できる条文はない。そのため，この権利を保障するため，「人は誰しも快適に過ごす権利を有する」などの条文を書く必要がある。

【主体的に学習に向かう態度】
○ 単元の学習を振り返り，これからも問い続けて（考え続けて）いきたいことと，問い続けたい理由（解決によって社会をどのようにしていきたいのか）について。
（例）日本は平和主義だが，集団的自衛権が認められているという解釈は本当に正しいのか問い続けたい。憲法の解釈を閣議で決めることは，本当に民主的と言えるのか疑問に思ったため，次の政治の学習でも考え，真の法の支配と言える社会にしていきたいと考えたから。

私たちはどのように政治に関わるのがよい？

単元計画のポイント

　本単元は，民主政治と政治参加について，①民主政治の仕組みと政党の役割，②議会制民主主義，③公正な裁判，④地方自治の基本的な考え方，の４つの内容から考察することが求められています。さらに，民主政治の推進と，公正な世論の形成や選挙など国民の政治参加との関連について考察，構想することも求められています。

　これまで，①から④までの項目それぞれが単独で授業実践される例が多かったと思いますが，新学習指導要領では，これらをまとめて単元構成することが求められており，20時間以上の大きな単元でのまとめを行います。

　特に，③において，司法がどのように本単元に関わるのか，ということを疑問に思われるでしょうが，法律は国民が選んだ国会議員によって決められること，その法律に基づいて司法が行われていることを踏まえると，司法と政治参加との関わりが見えてくると思います。

単元の構成　　○…「評定に用いる評価」，●…「学習改善につなげる評価」

時	主な発問	評価の観点		
		知	思	態
単元の導入　1時間	**単元を貫く発問** 社会をよりよいものにするために，最終的に決定する権力をもっている私たちはどのように政治に関わるのがよいだろうか？			
	・学習の見通しをもたせるため，これまでの学習を踏まえて４人班で考察し，どのような学習をすれば，課題が解決できるか，学習の見通しを立て，ワークシートに記入する。 （生徒の解答例） ・よりよい社会とはどのような社会かについて考えたい。 ・様々な考えがある中で，社会全体で取り組む方法を考えたい。			●

【1次】（4時間）

1	**1次を貫く発問** 私たちはどのように情報を入手し，判断して，物事を決めるのがよいのだろうか？

1	様々な立場の人々の意見をどのようにまとめていったらよいだろうか？			
	① みんなで決めるために必要なこととは何だろうか？		●	
	② 日本のある地域で行われた選挙の結果について，各選挙制度（小選挙区制，比例代表制，大（中）選挙区制）によって，誰が当選者になるかシミュレーションしてみよう。	●		
	③ 様々な選挙制度がある理由やその課題について，グループで話し合おう。		●	●
2	なぜ，選挙が行われるのだろうか？			
	① 日本の選挙制度にはどのような課題があるのだろうか？　また，その解決策を考えよう。	●	●	
	② 資料から読み取れる選挙の棄権の問題点は何だろうか？　また，その解決策を考えよう。	●	●	
	③ 資料から一票の格差とはどのような問題か説明しよう。	●		
3	政党はどのような役割を果たしているのだろうか？			
	① 日本の政党政治にはどのような特色があるだろうか？	●		
	② 日本の政党の政権公約を調べ， ①消費税増税，②憲法，③原発 の3つから1つを選び，その違いを表にまとめよう。	●		
4	主権者として自分の考えを政治に反映させるためには，どのような方法があるのだろうか？			
	① 政治参加の方法としてインターネットを使用することによる課題にはどのようなものがあるのか考えよう。	●		
	② 新聞記事を見比べて，どのような違いがあるか，読み取ろう。また，どうしてそのような違いが生まれるのか，考えよう。		●	
	③ 誤報（いわゆるフェイクニュース）に関する資料を読み，情報を入手する際に気を付けることは何か，考えよう。			●

【1次のまとめ】

　私たちは，選挙で政党などを選ぶ際に，政治家や政党が出している機関紙やインターネットなどから情報を得ることができる。しかし，判断するためには，批判的に物事を見ることが特に重要である。 ○ ● ●

【2次】（5時間）

1・2	**2次を貫く発問** 主権者である私たちはどのように国の政治に関わっていくのがよいのだろうか？	

国会はどのような役割を果たしているのだろうか？	
①　法律ができるまでの流れをまとめよう。	●
②　衆議院と参議院で議決が異なったらどのように対応するのか？	●
③　ねじれ国会などのデメリットがあるが，なぜ，日本は二院制を採用しているのだろうか？　民主主義の観点から考えよう。	●
④　国会の種類からわかる二院制の利点は何だろう？	●

3 内閣はどのような役割を果たしているのだろうか？	
①　なぜ，衆議院総選挙が行われた後の国会召集時に内閣の総辞職があるのだろうか？	●
②　大統領制とはどのような制度なのだろうか？	●
③　日本は，将来，議院内閣制を続けるのか，大統領制に制度を変えるのか，どちらがよいだろうか？　話し合おう。	●

4 行政権と立法権はどのように関わり，私たちとどのような関係があるだろうか？	
①　議員提出法案と政府提出法案の数の違いからどのような問題点が考えられるだろうか？　民主主義の観点から考えよう。	●
②　行政改革にはどのような事例があるか資料からまとめよう。	●
③　公務員の本質の観点から，①で取り上げた問題点（議員立法が少ない）は，本当に問題なのだろうか？	●

5 私たちはどのように政治と関わっているのだろうか？	
①　なぜ，一票の格差は，違憲だと言われるのだろうか？	●

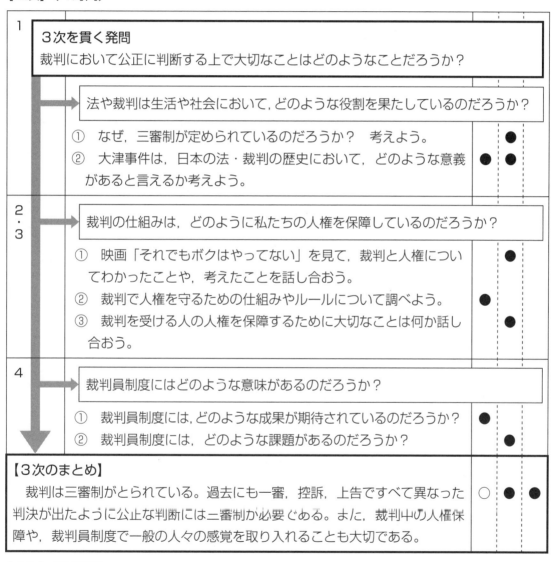

② 三権の関係を図にまとめ，また国民が果たす役割を考えよう。		●

【2次のまとめ】
　主権者である国民が直接選んだ代表者で構成される国会や，国会の信認に基づき成立する内閣に対して，自分たちは選挙や世論を通して関わることができる。また，裁判傍聴，国民審査を通して司法と関わることができる。 ○ ● ●

【3次】（4時間）

1

3次を貫く発問
裁判において公正に判断する上で大切なことはどのようなことだろうか？

法や裁判は生活や社会において，どのような役割を果たしているのだろうか？

① なぜ，三審制が定められているのだろうか？　考えよう。		●
② 大津事件は，日本の法・裁判の歴史において，どのような意義があると言えるか考えよう。	●	●

2・3

裁判の仕組みは，どのように私たちの人権を保障しているのだろうか？

① 映画「それでもボクはやってない」を見て，裁判と人権についてわかったことや，考えたことを話し合おう。		●
② 裁判で人権を守るための仕組みやルールについて調べよう。	●	
③ 裁判を受ける人の人権を保障するために大切なことは何か話し合おう。		●

4

裁判員制度にはどのような意味があるのだろうか？

① 裁判員制度には，どのような成果が期待されているのだろうか？	●	
② 裁判員制度には，どのような課題があるのだろうか？		●

【3次のまとめ】
　裁判は三審制がとられている。過去にも一審，控訴，上告ですべて異なった判決が出たように公正な判断には三審制が必要である。また，裁判中の人権保障や，裁判員制度で一般の人々の感覚を取り入れることも大切である。 ○ ● ●

【4次】（5時間）

1

4次を貫く発問

	内容			
	よりよい中学校区にするために私たちはどのように社会に関わるべきなのだろうか？			
	地方自治は私たちの生活にどのような影響をもたらすのだろうか？			
	○　私たちの県・中学校区（さいたま市，川口市，蕨市，戸田市）にはどのような課題があるだろうか？		●	
2	地方公共団体はどのようにして住民の願いを実現しているのだろうか？			
	①　なぜ，地方公共団体の首長は，アメリカ大統領よりも権限があると言われるのだろうか？	●		
	②　自主財源が多い地方公共団体は，どのような自治体なのか？		●	
	③　自主財源を増やすためには，どのような取組があるのか？	●		
	④　さいたま市，川口市などを事例に市町村合併が行われる背景と，合併の効果（プラス面・マイナス面）について，考えよう。		●	
3	自分たちの願いを実現させるためにどのように社会に関わるべきだろうか？			
	①　日本全国では，条例に基づき，どのような住民投票が行われたのだろうか？	●		
	②　私たちの県や中学校区の課題は，誰（住民，地方議会，ボランティア，NPO等）によって，どのように解決していけばよいのだろうか？　考えよう。		●	
4・5	自分たちが考えるよりよい中学校区をどのように実現させられるだろうか？			
	①　資料を活用し，自分が考えるよりよい中学校区（さいたま市，川口市，蕨市，戸田市）にするための政策立案をしよう。		●	
	②　他の班の発表を聞いてわかったこと，深まったことをまとめよう。	●		

【4次のまとめ】
　よりよい校区にするために，地域の課題を見極め，解決する方法を知ることが大切である。例えば，町の街灯を増やしてほしいという願いの実現のために，市議会に提案するためにも予算がどのように使われるかを知らなければならない。　○　●　●

単元のま｜**単元を貫く発問**
社会をよりよいものにするために，最終的に決定する権力をもっている私たちはどの

と め 1 時 間	ように政治に関わるのがよいだろうか？		
	① 自分の考えを書こう。班の中で考える視点 (1) 選挙や政党との関わり，(2) 国会や内閣との関わり，(3) 司法との関わり，(4) 地方自治との関わり，を分担しよう。	○	
	② 班をつくり現在の社会情勢を踏まえてどのように政治に関わるのがよいのかについて話し合おう（3～4人班での話合い）。		○
	③ 他の班の発表を聞いてわかったこと，深まったことをまとめよう。	○	

■ 授業展開例①（4次／4・5時）

　ここでは，地方自治の学習において，自分が考えるよりよい校区にするための政策立案をする場面です。教師からは，校区の4市の財政に関する資料を班に1セット渡しました。生徒自身も家庭から市報や市に関する資料を持ってきて話合いを行いました。

S1　さいたま市は人口が多いため，自主財源も多いけれど，市が広いために，多くの課題があっても，解決が遅れている地域があることがわかったよ。

S2　蕨市は，人口が少なく自主財源も多くはないけれど，その分市民の声を聞いてすぐに実現させることができている事例があるようだね。

S3　それでは，具体的にどのような政策を立案すればよいか考えよう。市議会議員の人たちはどのようなことを言っているかな？

S4　やはり教育に力を入れたり，社会保障の充実・安定化を公約にしたりしている人が多いようだね。そういうことから政策立案が考えられるかもしれないね。

　生徒は，自分たちの願いを再確認し，それを実現するための方法として，市議会だけでなく，自らのボランティア活動などがあることを見いだしていました。

■ 授業展開例②（単元のまとめ）

　本時は，1～4次までの学習を踏まえて，「私たちはどのように政治に関わるのがよいだろうか？」という発問の解を，対話を通して考えます。その際，班員の考える視点を，(1) 選挙や政党との関わり，(2) 国会や内閣との関わり，(3) 司法との関わり，(4) 地方自治との関わり，に分担して考えさせました。

(1) 選挙や政党については，自分から情報を求めていかないといけないと思った。出された情報を鵜呑みにするだけでは，判断することができないね。

(2) 新型コロナウイルス対策にしても，国会でどのような判断をしているかを自分から調べたり，批判的に見たりするなどの関わり方が重要だね。

(3) 自分たちは，裁判にかけられた人をすぐに犯人だ，と思ってしまうけれど，情報を吟味する必要があるね。

(4) 自分が住んでいる市に対して願いをもつことが大切だと思った。それを実現するための方法を知ることも大切だね。

コロナ禍において，国や自治体の出す情報を知ろうとし，得た情報が正しいかを判断する力が必要である。今の情報を知るだけではなく，自らが考えをネットや投票などを通して発信していくことが大切である。

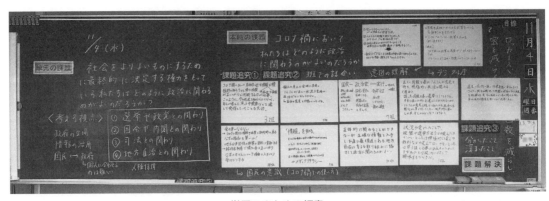

単元のまとめの板書

評価の具体例

単元末のワークシートから，次のような記述を「A」評価と判断しました。

【思考・判断・表現】

「単元を貫く学習問題」の解。「個人の尊重と法の支配」「民主主義」などに着目させる：

- 社会をよりよいものにするためには，選挙に参加することが必要であると考えた。現実の社会では，選挙の投票率が低くなっており，特に若い世代が参加しないことが問題となっている。このような状況で国会議員が選ばれ，法律がつくられている。さらに議員の中から総理大臣が指名され，行政が行われている。その総理大臣が最高裁判所の長官を指名し，裁判所は国会議員がつくった法律の違憲審査をしている。私たちが選挙に参加しなければ，このような現状は変わらないため，選挙に参加しやすくなるような仕組みを整える必要があると考えた。

- 社会をよりよいものにするためには，地方自治に関心をもつことであると考えた。学習を通して，自分たちは住んでいる地域の市議会議員の名前も知らないという現状が明らかとなった。しかし，自分たちの生活は住民自治によって成り立つべきであり，自分たちが自覚をもって代表を選び，課題解決をしていかなければならないと考えた。

【主体的に学習に取り組む態度】

単元の学習を振り返り，これからも問い続けて（考え続けて）いきたいことと，問い続けたい理由（解決によって社会をどのようにしていきたいのか）についての記述：

- 単元を通して，日本は議院内閣制を続けた方がよいのか考え続けていきたいと思った。確かに，議院内閣制は，選ばれた国会議員から総理大臣が選出されるという意味では民主的であり，権限があると考えられるが，国民が直接選んだ大統領の方がより身近に感じられると考えた。そして，国民が政治に対して責任をもてる社会にしていきたいと考えた。

世界平和と人類の福祉の増大のためにできることとは？

単元計画のポイント

　本単元は、国際社会における日本の役割について考察、構想すること、世界平和を確立するための熱意と協力の態度を育成することが求められています。単元の導入では、国際社会で取り組むべき課題にはどのようなものがあるのかについて調べたり、これまでの学習を振り返って考えたりする活動を行います。

　生徒は、紛争やテロ、貧困や飢餓の問題、領土をめぐる問題、地球環境問題、貿易に関する対立、人権の保障（教育を受けられない子供たち、差別を受ける女性たち）などを挙げると考えられます。課題解決の必要性を感じさせたところで単元を貫く学習問題を提示して、単元の学習の見通しをもたせるように指導することが大切です。

　ここでの学習が、(2) よりよい社会を目指しての学習において、生徒が持続可能な社会を形成することに向けて、自ら課題を設定、探究するレポートを作成することにつながります。

単元の構成　　○…「評定に用いる評価」，●…「学習改善につなげる評価」

時	主な発問	評価の観点		
		知	思	態
単元の導入 1時間	**単元を貫く発問** 世界平和と人類の福祉の増大のために，日本はどのような役割を果たしていくべきだろうか？			
	・学習の見通しをもたせるため，国際社会で取り組むべき課題にはどのようなものがあるのか振り返る。	●		
	・これまでの学習を踏まえて4人班で考察し，発問に対する解を予想したり，どのような学習をすれば，単元を貫く学習問題が解決できるかを考えたりするなど，学習の見通しを立て，ワークシートに記入する。			●

【1次】（4時間）

1・2	**1次を貫く発問** 国際社会は，領土をめぐる問題や紛争，経済格差にどのように取り組んできたのだろうか？		
	日本には領土に関するどのような課題があるのだろうか？		
	① 領土について，地理的分野，歴史的分野の学習を振り返ろう。	●	
	② 資料を参照し，北方領土・竹島・尖閣諸島をめぐる日本政府と相手国の主張を整理しよう。	●	
	③ 日本の領土の今後について考えよう。		●
3	国際連合は，どのような仕組みで運営され，どのような役割を果たしているのだろうか？		
	① 国際協調について，地理的分野，歴史的分野の学習を振り返ろう。	●	
	② 国連総会では，各国は1票をもち，過半数（重要な問題については3分の2）の賛成で可決される。しかし，分担金の大きさに比例した票数にすべきであるという主張がある。 　この根拠について，国連通常予算の分担率の資料を参考に公正の観点から考えよう。		●
	③ 日本は，将来常任理事国になりたいという主張がある。このことについて，国連加盟国数の推移も参考にどのように思うか？		●
4	なぜ，特定の地域で協調や協力を強める動きが起こってきたのだろうか？		
	① 世界にはどのような地域の協調があるのだろうか？	●	
	② イギリスのEU離脱問題を通して，地域主義について考えよう。		●
	③ 経済格差が進んでいると言われる中，改めて地域主義，国際協調について考えたことをまとめよう。		●
	【1次のまとめ】 　領土をめぐる問題や紛争，テロ，核兵器の脅威，経済格差などの課題に対し，国家主権は総合に尊重されるものとして，課題解決に取り組んでいる。主権が守られない場合もあり，国際連合をはじめとする国際機構の役割が大きくなっている。	○ ● ●	

【2次】（3時間）

1	**2次を貫く発問** 国際社会は，地球環境問題，貧困問題にどのように取り組んできたのだろうか？		
	地球はどのような環境問題を抱えているのだろうか？		
	①　なぜ，アメリカは京都議定書から離脱したのだろうか？　京都議定書における主な国の二酸化炭素の削減義務の資料から考えよう。	●	
	②　日本が原子力発電に依存してきた理由を，資源（燃料）と環境面から説明しよう。	●	
	③　再生可能エネルギーの特色と課題をまとめよう。	●	
2	日本は，今後どのようなエネルギー開発が望ましいのか？		
	①　円グラフに自分の考えるエネルギーベストミックスを記入しよう。その理由も書こう。	●	
	②　グループでの話合いをしよう。他のグループの発表をメモしよう。	●	
	③　発表を聞いて，改めて自分の意見をまとめよう。	●	
3	なぜ，貧困は起こるのだろうか？		
	①　「貧困の実態」に関する資料を見て，貧困はどのような問題と深く結び付いているか，なぜ人々が貧困から抜け出せなくなっているか説明しよう。	●	
	②　食料問題について，ハンガーマップを見て考えよう。 ⑴　「公正」の観点からどのようなことが課題と言えるか？ ⑵　「効率」の観点からどのようなことが課題と言えるか？	●	
	③　「途上国の子どもと女性の問題」には，どのようなものがあるだろうか？	●	

【2次のまとめ】 　地球環境問題，限りある食料の分配，貧困や格差の解消などの貧困問題に取り組む上で，国家間の協力や各国民の相互理解と協力，国際機構などの役割が重要である。解決には，国際的な貿易の取り決めなどが今後も大切になるであろう。	○	●	●

【3次】（3時間）

1	3次を貫く発問 国際社会は，世界の人々の人権の保障にどのように取り組んできたのだろうか？			
	「持続可能な社会の実現」という視点から，異文化理解について考えよう。			
	① 宗教分布を見て，宗教の違い（成立年，教典など）を説明しよう。	●		
	② なぜ，パレスチナ問題が起きているのだろうか？（ノート） (1) ユダヤ人の歴史，(2) イギリスの外交，(3) 中東戦争，(4) 和平交渉の歴史，を調べて理由をまとめよう。		●	
2 ・ 3	本当の平和を実現し，持続可能な社会を築くためにすべきことを考えよう。			
	① 日本の ODA にはどのような特色があるか？ (1) 国民総所得（GNI）にしめる割合，(2) 二国間政府開発援助 の地域別割合，に着目して説明しよう。	●		
	② 日本と近隣諸国との間にはどのような問題があるのかについて 調べよう。	●		
	③ 核拡散防止条約の内容には問題があるとして反対する国が多い。 核拡散防止条約に反対する国の主張を，公正の視点から考えよう。		●	
	【3次のまとめ】 　世界の人々の人権を保障するためには，国家間相互の主権の尊重と協力，各 国民の相互理解と協力，及び，国際連合をはじめとする国際機構の役割が大切 である。そして，世界の平和を実現することが，真の人権保障になると言える。	○	●	●
単元のまとめ	単元を貫く発問 世界平和と人類の福祉の増大のために，日本はどのような役割を果たしていくべきだろうか？			
1 時間	① 単元を貫く学習問題の解を記入しよう。		○	
	② 世界平和と人類の福祉の増大のために，あなた自身にできるこ とは何だろうか？			○

■ 授業展開例（単元の導入）

　ここでは，単元の導入を取り上げます。現代の国際社会には，様々な課題があることに気付かせ，単元の学習において課題解決への関心を高め，単元の学習に見通しをもたせることがねらいです。コンピューター室等が使える環境であれば，その時間で調べて発表することがよいですが，学校の事情によっては，各自で調べてきたことを発表し合うことも考えられます。

　課題提示では，「よりよい社会を築いていくために，国際社会で取り組むべき課題にはどのようなものがあるだろうか？」という発問をします。そして，よりよい社会とは，本単元のテーマである国際平和の実現や世界の人々の福祉の充実があることに気付かせることが重要です。そして，課題解決の必要性が伝わるように各自に発表させることが，本単元の意欲を高めるポイントになるでしょう。

発表例①：
　私は，紛争やテロを解決することが大切であると考えました。紛争やテロが原因で人権侵害が起きたり，貧困が起こったりしています。こうした課題の原因は，紛争やテロにあると思います。そのため，これを解決することを単元の学習で取り組んでいきたいです。

発表例②：
　私は，人権保障について解決することが大切であると考えました。現在，日本は世界的に見て男女が不平等であるという見方をされています。また，LGBTなど，まだ日本国内においても理解が不十分な点がたくさんあります。単元を通して解決したいです。

T　　それでは，単元を貫く学習問題「世界平和と人類の福祉の増大のために，日本はどのような役割を果たしていくべきだろうか？」について，最初の考えや，解決に向けてどのような学習をしたらよいか，話し合ってみよう。

S1　紛争やテロの解決を考えることは，貧困や地球環境問題の考えにもつながってくると思う。これらについても学習をする必要があると思う。

S2　紛争の原因を考えると，資源をめぐる争いや宗教の対立も関係してくると思う。この視点で多様性ということもつながってくると思うよ。

S3　多様性ということで言えば，性別に関する人権保障を考える際にも必要になりそうだね。だから，宗教や文化の違いなどの学習も，解決につながると思うよ。

S4　様々な問題の関係性を明らかにして，日本の果たすべき役割を考えていけるように学習していければよいね。

▌評価の具体例

　本単元で学習したことを生かして，世界平和と人類の福祉の増大のための自分自身の取組について考察・構想したことを発表させたり，ワークシートに記入させたりすることによって，評価をします。

　世界平和と人類の福祉の増大のために，あなた自身にできることは何だろうか。これまでに学んだこととあなたの身近な事柄を結び付けて解決策と行動宣言をまとめよう。

[回答例①]

①解決すべきこと（解決すべき理由）

　食品ロスをなくすこと。食品ロスによって，ゴミが増えるだけでなく，食料が必要な人々に分配されないという問題が起こっているから。

②解決策

　各企業がビッグデータを活用して，必要な分だけ食料生産するということが必要である。また，消費期限や賞味期限などの表示をよく見ることは大切であるが，期日によって廃棄が行われているという事実から，消費者が計画的に消費できるようにすることが必要である。

③行動宣言

　食料を買うとき，計画的に行うこと，見通しをもった食料の消費を行っていきたい。

[回答例②]

①解決すべきこと（解決すべき理由）

　他者に対して偏見をもつことをやめること。先入観や偏見によって，人権侵害が行われているという問題が起こっているから。

②解決策

　例えば，男女平等については，国や地方公共団体において，雇用や役職就任において，男女の差がないかを常にチェックする必要がある。結果として男性が多い場合，なぜそのような状況になっているのか（例えばそのような風潮がある，育児がしにくいなど）について，調査，公表する。問題があるかどうかについて，第三者が判断するような制度を確立する。

③行動宣言

　身の回りで，男性・女性で分けている場面において，本当に分ける必要がある場面なのかどうかを常に考えることをしていきたい。また，男性が多い職場などについては，それが妥当性のあることの結果なのかどうかについて考えていくようにしたい。

　　　　　　　　　　　　　　　　　　　　　　・思考・判断・表現　　・主体的に学習に取り組む態度

私たちがよりよい社会を築いていくためには？

単元計画のポイント

　本単元は，中学校社会科のまとめとして位置付けられています。(1) 世界平和と人類の福祉の増大の学習で見いだしたことを踏まえ，持続可能な社会を形成することに向けてという視点から，卒業論文，レポートを書きます。卒業が近い生徒たちに，いきなり課題を提示するのではなく，年度の最初，または公民的分野の最初の授業で，本単元が最終的な到達点であることを示し，テーマになりそうなことを考えながら授業に取り組ませることがポイントです。

　社会科学習全体を通して習得した「知識・技能」の活用，これまで教師から問われることで働かせてきた「見方・考え方」を自ら問うことで働くようにすることが大切です。

　本単元で最も大切なことは，生徒が探究テーマをスムーズに決めることです。生徒は，世界平和など大きなテーマを掲げる傾向にありますが，新学習指導要領の内容の取扱いに，「身近な地域や我が国の取組との関連性に着目させ，世界的な視野と地域的な視点に立って探究させること」とあるように，身近なところに課題を見いだし，世界的な視点の行き来ができるように指導することが大切です。

単元の構成　　○…「評定に用いる評価」，●…「学習改善につなげる評価」

時	主な発問	知	思	態
1 単元の導入	**単元を貫く発問** 私たちがよりよい社会を築いていくためには，どうしたらよいのだろうか？			
	・「持続可能な社会を形成することに向けて」という視点から，卒業論文制作のテーマを考える。		●	
	・制作の見通しをもつ。資料収集，論文のレイアウト，論理展開などを計画する。			●

2・3	学校図書館を利用して調査を行おう。	
	・学校図書館との連携により、資料収集の方法の指導を受ける。 ・参考文献の書き方など、著作権に関する指導を受ける。	●
4・5	コンピューター室を利用して必要な情報を収集しよう。	
	・インターネット検索を活用して、探究を行う。 ・新聞記事検索を活用して、必要な情報を集める。	●
6	探究内容について中間発表を行おう。	
	・自分の探究について、他者からの意見をもらったり、他者の発表を聞いたりすることにより、自分の探究を修正する。 ・修正に基づいて、卒業論文のまとめ方を決定する。	●
7	これまでの学習を踏まえて、探究したことを卒業論文にまとめよう。	
	・調査や中間発表を経て、卒業論文を完成させる。 ・探究の結果、どのような社会にしたいかをはっきり書く。	● ●
8 単元のまとめ	・自分の卒業論文を4人班で発表して、意見交換を行う。 ・卒業論文に対して、相互評価を行う。 ・今後も考え続けたいことについて話し合う。	○ ○

▌授業展開例

　単元の導入では、生徒に配付するプリントにおいて、新学習指導要領の主旨や、卒業論文の書き方を示します。論文の構成として、以下のようにすることを示しました。

⑴　探究テーマ

②　テーマ設定の理由

③　探究方法（文献調査，聞き取り調査，フィールドワークなど）

④　探究内容（調べてわかったこと）

⑤　探究のまとめ（理解したこと，考察，構想したこと）

⑥　参考文献・資料・URL（最終閲覧日時を示す）

本単元は，第3学年の2学期末から3学期にかけて実施することが多いと思われます。進路選択を控えた生徒たちに十分な時間が確保できないということが課題であると聞きます。

　私自身も，(1) 世界平和と人類の福祉の増大を終えてから，(2) よりよい社会を目指してを実施すると，卒業論文執筆の時間が十分に確保できないという課題がありました。そこで，(1)の学習と(2)の学習を並行して行うように授業計画を組むようにしました。

　生徒の指導において最も時間がかかるのは，テーマの選択です。新学習指導要領にあるように，持続可能な開発目標（SDGs）の考え方も参考にするように指導しています。生徒には，大きなことをテーマにするよりも，身近なことから始め，日本，世界につながるようなものからテーマを決定するように指導をしています。

　また，新学習指導要領解説の「一つのまとまったものに仕上げて生徒が成就感をもつようにすることが大切である」ということを受け，生徒の論文を論文集として冊子にし，卒業前に配付するようにしました。埼玉大学教育学部附属中学校では，これまでの生徒たちが取り組んできた社会科の卒業論文が学校図書館に寄贈されています。

単元の導入で生徒に配付するプリント　　　　　　　　卒業論文集の表紙（生徒作成）

評価の具体例

　本単元の評価は，生徒の最終的に提出した卒業論文によって行います。課題解決に向けた考察，構想に当たる部分の記述によって思考・判断・表現を，よりよい社会を築いていくために社会に関わろうとしている部分の記述によって主体的に学習に取り組む態度を評価しました。

生徒の作成した卒業論文　例①

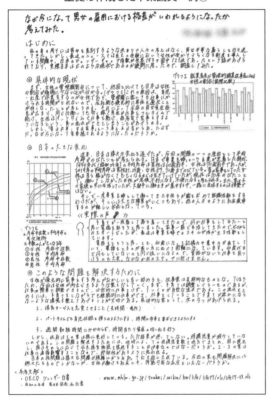

生徒の作成した卒業論文　例②

【テーマ】男女の雇用格差

【課題解決の構想】

①保育サービスの充実

②パートでも育児休暇の取得

③週間勤務時間にかかわらず，時間当たり賃金の均一化

【テーマ】　香港デモから考える自由な社会の構築

【よりよい社会を築くために】

社会をつくり上げていく側の人間は，その社会で人が自分で選択，決定できる環境づくりが必要である。

※　新学習指導要領解説においては，本単元は，今までに習得した「知識及び技能」に基づいて学習が展開されるため，他の単元とは異なり，知識・技能については評価をしないことになっています。しかしながら，知識及び技能の活用が不十分な生徒には手立てを講じます。

【初出一覧】

- 地理的分野　C　日本の様々な地域　(2) 日本の地域的特色と地域区分
「地理的な「見方・考え方」を働かせている場面の具現化―単元「日本の地域的特色に基づいて，日本の地域区分を考えよう」の開発と実践を通して―」全国中学校地理教育研究会『地理教育年報』第50号，pp.38-52

- 地理的分野　C　日本の様々な地域　(3) 日本の諸地域
埼玉県教育局南部教育事務所　小・中学校等授業研究会（社会科）による授業改善リーフ第２集「学びのR」№16，2019年３月
https://www.pref.saitama.lg.jp/documents/83855/manabino-r16.pdf
「生徒が自ら単元を貫く学習問題を見出す授業づくり」明治図書『社会科教育』№733，2020年５月号，pp.74-77

- 地理的分野　C　日本の様々な地域　(4) 地域の在り方
「社会的な「見方・考え方」を働かせた資質・能力の育成の可視化～単元　地理的分野「地域の在り方」，歴史的分野「現代の日本と世界」の開発と実践を通して～」令和元年度埼玉県連合教育研究会「研究集録付研究論文集」2020年，pp.128-133
https://sairenkyou.jp/cms/wp-content/uploads/2020/02/nyuusyou.pdf

- 歴史的分野　B　近世までの日本とアジア　(1) 古代までの日本
「単元構成，問いの構造から提案内容を考える」明治図書『社会科教育』№735，2020年７月号，pp.74-77

- 歴史的分野　C　近現代の日本と世界　(2) 現代の日本と世界
「「真正の学び」をもたらす歴史学習のカリキュラム・評価方法の開発とその検証―中学校社会科歴史的分野　単元「現代の日本と世界」の開発と実践を通して―」『埼玉大学教育学部附属中学校研究紀要』第57集，2021年，pp.1-10

- 公民的分野　B　私たちと経済　(2) 国民の生活と政府の役割
齊藤耕太郎・内藤圭太・石髙吉記・二瓶剛「国立教育政策研究所教育課程研究センター関係指定事業　教育課程研究指定校事業（令和元・２年度）における研究成果報告書」
http://www.jhs.saitama-u.ac.jp/kenkyu/pdf-shidouan/r02do_houkoku_syakai.pdf
※上記の論稿をもとに大幅な加筆・修正を行いました。

【参考文献一覧】

- 荒井正剛『地理授業づくり入門―中学校社会科での実践を基に―』古今書院，2019年
- 青柳慎一『中学校　社会の授業がもっとうまくなる50の技』明治図書，2020年
- 井田仁康・中尾敏朗・橋本康弘編『平成29年告示新学習指導要領　授業が変わる！　新しい中学社会のポイント』日本文教出版，2017年
- 市川伸一編『速解　新指導要録と「資質・能力」を育む評価』ぎょうせい，2019年

- 梅津正美・原田智仁編『教育実践学としての社会科授業研究の探求』風間書房，2015年
- 岡﨑誠司編『社会科の授業改善2　社会科授業4タイプから仮説吟味学習へ―「主体的・対話的で深い学び」の実現―』風間書房，2018年
- 尾原康光『自由主義社会科教育論』渓水社，2009年
- 小原友行編『アクティブ・ラーニングを位置づけた中学校社会科の授業プラン』明治図書，2016年
- 加藤公明『考える日本史授業4―歴史を知り，歴史に学ぶ！　今求められる《討論する歴史授業》』地歴社，2015年
- 河原和之編『100万人が受けたい！　主体的・対話的で深い学びを創る中学社会科授業モデル』明治図書，2020年
- 工藤文三編『平成29年改訂　中学校教育課程実践講座　社会』ぎょうせい，2018年
- 子どものシティズンシップ教育研究会『社会形成科社会科論―批判主義社会科の継承と革新―』風間書房，2019年
- 坂井俊樹編『社会の危機から地域再生へ―アクティブ・ラーニングを深める社会科教育』東京学芸大学出版会，2016年
- 澤井陽介・加藤寿朗編『見方・考え方［社会科編］―「見方・考え方」を働かせる真の授業の姿とは？』東洋館出版社，2017年
- 『社会科教育』編集部編『平成29年版　学習指導要領改訂のポイント　小学校・中学校　社会』明治図書，2017年
- 社会系教科教育学会編『社会系教科教育学研究のブレイクスルー』風間書房，2019年
- 社会認識教育学会編『中学校社会科教育・高等学校地理歴史科教育』学術図書出版社，2020年
- 社会認識教育学会編『中学校社会科教育・高等学校公民科教育』学術図書出版社，2020年
- 日本社会科教育学会編『新版　社会科教育事典』ぎょうせい，2012年
- 原田智仁『中学校　新学習指導要領　社会の授業づくり』明治図書，2018年
- 平田博嗣『これだけははずせない！　中学校社会科単元別「キー発問」アイディア』明治図書，2012年
- 森分孝治『社会科授業構成の理論と方法』明治図書，1978年
- 吉水裕也編『本当は地理が苦手な先生のための　中学社会　地理的分野の授業デザイン＆実践モデル』明治図書，2018年
- 渡部竜也『主権者教育論―学校カリキュラム・学力・教師』春風社，2019年
- 渡部竜也・井手口泰典『社会科授業づくりの理論と方法　本質的な問いを生かした科学的探求学習』明治図書，2020年

　　　　　　　　※新学習指導要領，社会科授業づくりに関する書籍を中心に掲載しました。

【著者紹介】

内藤　圭太（ないとう　けいた）

東京学芸大学附属竹早中学校教諭。
1984（昭和59）年，浦和（現さいたま）市生まれ。
2008（平成20）年，武蔵大学人文学部比較文化学科卒業。
2010（平成22）年，東京学芸大学大学院教育学研究科社会科教育専攻修士課程修了。
東京学芸大学附属小金井中学校非常勤講師，埼玉県公立中学校教諭，埼玉大学教育学部附属中学校教諭を経て，2021（令和3）年4月より現職。

【主な著書】
（単著）
・『15のストラテジーでうまくいく！　中学校社会科　学習課題のデザイン』明治図書，2017年
・『単元を貫く「発問」でつくる中学校社会科授業モデル30』明治図書，2015年
（共著）
・坂井俊樹監修・小瑶史朗・鈴木隆弘・國分麻里編『18歳までに育てたい力―社会科で育む「政治的教養」―』学文社，2017年
・橋本美保・田中智志監修・大澤克美編『教科教育学シリーズ②社会科教育』一藝社，2015年

中学校社会サポートBOOKS
単元を貫く「発問」でつくる
中学校社会科新授業＆評価プラン

2021年9月初版第1刷刊　Ⓒ著　者　内　藤　圭　太
　　　　　　　　　　発行者　藤　原　光　政
　　　　　　　　　　発行所　明治図書出版株式会社
　　　　　　　　　　http://www.meijitosho.co.jp
　　　　　（企画）赤木恭平（校正）高梨　修
　　　　　〒114-0023　東京都北区滝野川7-46-1
　　　　　振替00160-5-151318　電話03(5907)6701
　　　　　　　　ご注文窓口　電話03(5907)6668
＊検印省略　　　　　組版所　中　央　美　版

Printed in Japan　　　　　ISBN978-4-18-344716-6
もれなくクーポンがもらえる！読者アンケートはこちらから
→